信息化背景下的
会计教学改革研究

张笑蕾　刘海波　孙　寒／著

武汉理工大学出版社

·武汉·

内 容 提 要

信息时代的到来,促使会计行业迎来一场前所未有的变革。时代带来的不仅是会计技术上的变化,更是会计思维、理念和模式上的变革,也使企业对会计人员的职业需求发生了改变,因而会计教学也要根据时代的变化做出革新。本书在介绍会计教育发展沿革及教学现状的基础上,分析了传统会计教学面临的挑战以及会计教学改革的必要性、会计教学改革的方法、会计教学改革的路径、会计人才培养、会计信息化教学等方面内容。本书对于会计教育相关人员以及会计从业人员具有学习与参考价值。

图书在版编目 (CIP) 数据

信息化背景下的会计教学改革研究 / 张笑蕾 , 刘海波 , 孙寒著 . — 武汉 : 武汉理工大学出版社 , 2023.12

ISBN 978-7-5629-6978-5

Ⅰ . ①信… Ⅱ . ①张… ②刘… ③孙… Ⅲ . ①会计学 — 教学改革 — 研究 Ⅳ . ① F230

中国国家版本馆 CIP 数据核字 (2023) 第 251265 号

责任编辑: 楼燕芳
责任校对: 向玉露　　　　排　版: 任盼盼
出版发行: 武汉理工大学出版社
社　　址: 武汉市洪山区珞狮路 122 号
邮　　编: 430070
网　　址: http: //www.wutp.com.cn
经　　销: 各地新华书店
印　　刷: 北京亚吉飞数码科技有限公司
开　　本: 170×240　1/16
印　　张: 12.5
字　　数: 198 千字
版　　次: 2025 年 1 月第 1 版
印　　次: 2025 年 1 月第 1 次印刷
定　　价: 86.00 元

前　言

经济的发展离不开会计的繁荣,会计事业的兴旺发达依赖于高素质的会计人才。现代会计人才不仅要有丰富的知识,更重要的是要有良好的综合素质和较强的综合能力,尤其是创新能力。培养会计人才主要靠会计教育。现代社会经济的发展在提升会计的地位并为其职能作用的发挥提供广阔空间的同时,也使会计教育更加重要,并对会计教育提出了更高的要求。20世纪90年代以来,许多高校为了培养会计学生的创新能力,在会计教育教学改革中进行了许多有益的探索,取得了一定的成效。但从总体上看,会计教育教学改革的步伐比较迟缓,对培养会计学生的创新能力缺乏系统的研究和有创见性的举措。从已发表的会计教育教学改革研究的文章来看,目前的研究重点主要集中在现代会计人才应具备的基本素质、会计学专业培养目标、会计学专业课程体系、会计实践教学和案例教学等方面,而对如何构建寓科研于教学之中的以培养学生创新能力为核心的会计教学模式,则缺乏深入系统的研究。因此,面对新的环境和挑战,我们必须重新审视会计教育的地位和使命,彻底改变传统僵化的以教师为中心的会计教育模式,重构以培养学生创新能力为核心的会计教育新范式。基于此,作者进行了深入系统的研究和实践探索,并在参阅大量相关著作文献的基础上精心撰写了本书。

本书共有六章。第一章作为全书开篇,首先介绍了信息化背景下会计教学的基础知识,包括信息化的发展背景、会计教育的发展历史、信息化背景下会计教学的发展趋势。第二章从信息技术对会计行业的影响、会计教学的现状与主要问题、信息时代会计教学改革的机遇与挑战三个层面研究了信息化背景下会计教学改革的必要性。在上述章节内容的基础上,第三章与第四章主要分析了信息化背景下会计教学改革的目标、方法与路径。第五章研究了信息化背景下的会计人才培养,包括培养学生的信息素养、信息化背景下会计人才培养模式、会计专业实践教学"双师型"师资队伍建设。第六章为本书最后一章,包括会计信息化教学展开深入分析,涉及会计信息化的理论基础、现代信息技术环境下会计信息化课程体系构建、会计信息化教学改革与策略等内容。

会计教学改革不仅是会计教学模式的变革,更是会计教育理念的转变——把学生从知识接受者转变为知识探究者,教师和学生形成共同研究、共同探索的文化氛围。研究和探索会计教学,对于构建以培养学生创新能力为核心的融知识、能力、素质于一体的会计教学模式,促进我国会计教育教学改革的深化和发展无疑具有重要的理论价值和实践意义。

在本书的撰写过程中,作者不仅参阅、引用了很多国内外相关文献资料,而且得到了同事亲朋的鼎力相助,在此一并表示衷心的感谢。由于笔者水平有限,书中难免存在欠妥之处,恳请各位专家、广大读者批评指正。

作　者

2023 年 11 月

目　录

第一章　信息化背景下的会计教学概述

　　随着信息时代的到来,信息化对于高校教育的影响将是深远而广泛的,其在教育人才培养中的地位和作用将会发生根本性的变化。教育信息化最终将引发高校教育人才培养模式的系统性变革,重构教育生态。在高校教育层面,信息化的发展要求高校教育工作者不仅要掌握专业知识和技能,还要具备良好的职业能力和信息素养。当前,广大教师也逐渐认识到了信息化的重要性和应用价值。在高校教育中应用信息化手段,不仅有利于实现教师教学方式的改变,提高课堂教学效率,还有利于激发学生的兴趣和创造力,增强学生的自主学习能力。因此,信息化手段成为高校教育实现高效教学的一个关键因素。而信息化手段在高校会计教学中的辅助应用已日益普及。信息化手段为高校会计教学注入了生动的图片和音频元素,使枯燥的学习内容变得生动有趣,激发了学生对于会计学习的兴趣,增强了学生对所学内容的直观理解,进而使得教学效果更为显著。然而,当前高校会计课堂教学中,许多教师在利用信息技术开展教学的过程中,仅将其视为一种课件展示工具,而忽略了其他的教学功能,造成了资源的浪费。因此,探索借助信息化手段在高校会计教学中的运用,以丰富教学形式,提升会计教学效果,已成为当务之急。本章作为开篇,首先分析信息化的背景,进而探讨会计教学的发展、传统会计的特点以及信息化背景下会计教学的发展趋势。

第一节　信息化的发展背景

一、信息化的内涵与发展

（一）信息化的内涵

信息化是现代信息技术和社会经济互动发展的产物,和工业化相联系。20 世纪 60 年代,"信息化"一词在日本迅速流行,它是由日本学者基于社会和产业结构的发展提出的。日本学者梅棹忠夫于 1963 年发表的《信息产业论》第一次提出"信息化"这个概念,为"信息革命"与"信息社会"描绘出了新的图景。而"信息化"的正式提出是在 1967 年日本科学技术与经济协会所做的关于经济发展的研究中。"信息化"被定义为向拥有先进信息产业并在产业结构中占据主导地位的社会（信息社会）过渡的动态过程。虽然这个定义并不够全面,但它为后来的信息化理论研究及其实际应用,即"信息产业"确定了基本方向。从那时起,特别是从 20 世纪 80 年代初开始,随着 A. 托夫勒的《第三次浪潮》[①]和 J. 奈斯比特的《大趋势：改变我们生活的十个新方向》[②]的出版,以及 20世纪 90 年代初美国信息高速公路项目的启动,"信息化"这个词逐渐被广泛认可和使用。目前,人们对信息化的理解不一。在技术层面上,信息化指信息技术的传播和应用过程；在知识层面上,信息化指开发和利用信息资源的过程；在产业层面上,信息化指信息产业的增长和发展过程。"化"描述了一个历史和动态的过程,即从一种状态过渡到另一种状态的过程。因此,信息化一般是一个与信息技术的发展和应用相关的

[①]　[美]阿尔温·托夫勒著；朱志焱,潘琪译. 第三次浪潮[M]. 北京：生活·读书·新知三联书店,1983.

[②]　奈斯比特. 大趋势：改变我们生活的十个新方向[M]. 北京：中国社会科学出版社,1984.

动态变化过程。[①] 在《2006—2020 年国家信息化发展战略》中,信息化形容的是对信息技术的充分运用,信息资源的开发与应用,推动信息与知识的共享,提升经济增长质量,转变经济社会发展道路的历史进程。[②]

本书在现有研究的基础上得出以下结论,信息化就是依靠信息技术进行信息资源开发,优化业务流程,以提高工作效率、推动经济和社会发展的动态过程。信息技术的持续发展和进步逐渐成为社会发展的主要动力。新一轮的技术创新和产业转型正在重塑所有行业的生态,信息技术正在跃升到数字层面,使新的互动、生产和感知形式成为可能,换句话说,就是信息化过程的"数字化",数字化已成为各行各业转型提升的重要方向。数字技术创新正在刺激和加速全球数字转型,数字政府、数字经济和数字社会的发展是数字时代的主要特征[③],利用数据资源作为重要生产要素的数字化转型在各行各业蓬勃发展,成为数字经济时代的新发展模式。[④]

（二）信息化的特征

目前,对于信息化的定义还没有达成一致,不同国家和历史时期人们对其的理解和认知存在差异。根据现有研究,可以从社会、经济、技术和过程四个视角来划分。以下是每个视角的代表性观点。

1. 社会视角

社会视角重点关注的是社会主导产业如何从物质生产转向信息生产,并且强调这种转变对社会生产的影响。博尔丁（Kenneth E. Boulding,2016）研究后提出,信息化是一个全新的社会现象,它的核心是如何有效地处理和利用信息,他认为信息社会是一个后工业化社会,

---

① 祝智庭,胡姣.教育数字化转型的本质探析与研究展望[J].中国电化教育,2022（04）：1-8+25.
② 陈文新.数字教科书的教学风险分析[J].首都师范大学学报(社会科学版),2021（06）：171-177.
③ 章燕华,王力平.数字化转型背景下的档案信息化发展战略：英国探索、经验与启示[J].档案学通讯,2021（04）：28-35.
④ 马名杰,戴建军,熊鸿儒.数字化转型对生产方式和国际经济格局的影响与应对[J].中国科技论坛,2019（01）：12-16.

主要由信息的收集、整理、传递和过滤使用等活动组成。[①]

2. 经济视角

随着时代的进步,信息产业已成为我国经济发展的支柱,其重要性日益凸显,影响力已超越了传统的经济增长模式。吕斌、李国秋(2011)指出,信息化是一种将 IT 应用于经济、社会等多个领域的全面改革和发展的过程。[②] 李泊溪(2005)指出,信息化是一种从工业社会到信息社会的转变,它改变了以物质和劳动密集型投入为主的粗放型生产方式,转变为以知识和信息为主的集约型生产方式,从而极大地提高了经济效益和社会效益。[③]

3. 技术视角

信息技术的广泛应用和普及已经成为经济社会发展的重要动力,它不仅可以改善现有的生产力,还可以推动社会的发展,促进经济的转型升级。李京文(2001)[④]钟义信(1997)[⑤]认为信息化是一种将现代信息技术应用到经济社会活动中的过程,它可以帮助企业更有效地管理信息资源,从而推动社会经济的发展。而牛为(2006)则更加强调信息化的实现需要从根本上改变个人信息的使用方式。[⑥]

4. 过程视角

信息化是一个动态的进程,它不仅体现在技术、产业和知识方面,而且还体现在"化"的变化上。乌家培(1999)指出,信息化将为经济和社会的发展带来巨大的推动力。他强调"化"是一个从无到有的漫长而复

---

① Kenneth E.Boulding. The Coming of Post-Industrial Society, A Venture in Social For ecasting[J]. Journal of Economic Issues,2016,8(04):952-953.
② 吕斌,李国秋.信息化测度的创新概念基础——基于 ICTS 的核心信息能力 [J].图书情报工作,2011,55(08):10-14+83.
③ 李泊溪.信息化与工业化的基本含义 [J].中国信息界,2005(01):16-18.
④ 李京文.工业化、信息化与现代化 [J].中国统计,2001(11):1.
⑤ 钟义信.信息时代的狂飙——数字化、网络化、信息化[J].中国科技信息,1997(11):30.
⑥ 牛为.论企业信息化发展的现状和对策 [J].商场现代化,2006(24):29-30.

杂的过程。① 因此信息化是一个动态的过程，它标志着从工业经济、工业社会向信息经济、信息社会的不断发展。叶初升（2001）认为信息化可以分为多个发展阶段，包括信息产业化、产业信息化、国民经济信息化和社会信息化等。②

纵观上述对信息化的概念界定，不难发现，国内外学者对信息化定义的表述不尽相同，但都体现了信息化的四个本质特征：

（1）信息化最终会反映到经济和社会层面。

（2）强调利用信息技术来开发和利用信息资源，以及促进信息产业的发展。信息技术的不断更新升级是信息化的重要特性。

（3）信息化是一个动态的过程。随着时代的发展，信息化的动态性不断显示出来：从传统的工业经济到新兴的信息经济，从传统的工业社会到新兴的信息社会，都是信息时代的重要变化。

（4）在信息化推进过程中，信息技术已经深入经济、政治、文化等多个领域，为我们的生活带来了巨大的变革。

根据以上学者的观点，本书认为信息化是一个不断发展的历史过程，以信息技术为核心生产力，以开发和利用信息资源为动力，推动产业结构升级，扩大信息资源在社会生产中的应用范围，提高信息技术在各个领域的应用水平，最终满足人们的多样化需求。

（三）信息化的发展历程

我国信息技术产业的发展历程可以根据全球新一代信息化产业发展的主要历史脉络及其演进的方向划分为四个主要阶段。

1954—1978 年是起步阶段，此阶段是新中国成立初期，国家将计算机的发展列为"紧急措施"。1977 年，我国第一台小型计算机问世，推动了信息化的蓬勃发展。

1979—2001 年是追赶阶段，主要特征是我国各级政府大量出台信息化建设相关政策和规划，将"加强国民经济和社会信息化"列为 21 世纪初必须着重研究和解决的一项重大问题。

---

① 乌家培.正确认识信息与知识及其相关问题的关系 [J].情报理论与实践，1999（01）：2-5.
② 叶初升."工业化、信息化与跨越式发展"全国研讨会综述 [J].经济学动态，2001（10）：59-61.

2002—2011年,我国信息化进入发展阶段,体现为计算机投入商业使用,网民数量持续增加。

2012年之后,我国信息化发展进入跨越阶段,更加注重顶层的设计和相关制度的制定,信息化的发展战略和体系基本形成。

我国信息化发展历程的具体内容如表1-1所示。

表1-1 我国信息化发展历程

发展阶段	时间（年）	主要内容
起步阶段（1954—1978）	1954	清华大学正式成立以电子计算机工程专业和核工业技术服务为主的电子工程专业研究体系
	1956	制定了《1956—1967年科学技术发展远景规划纲要》,将计算机、电子学、半导体、自动化的科学发展进程作为四项"紧急措施"
	1958—1969	我国第一台小型数字电子计算机103机和104机设计研制成功,推动了我国小型数字电子计算机以及电子软件工业的快速和蓬勃发展
追赶阶段（1979—2001）	1982—1984	1982年,国务院办公厅成立了计算机与通信大规模集成电路产业发展领导小组。1984年,该领导小组制定并发布《我国电子和信息产业发展战略》,明确要求将计算机与集成电路、计算机、通信和应用电子软件等产业作为推动电子和信息工业快速发展的重要产业和领域
	1986	国家制定了以加快推进现代电子信息和现代自动化信息技术体系建设为目标和重点的"863计划"
	2000	"十五规划"明确将"加强国民经济和社会信息化"列为21世纪初必须着重研究和解决的一项重大问题
发展阶段（2002—2011）	2004	我国每百人平均每年拥有移动计算机21.83台,较2003年增加3.12台,增长率大约为16.66%,接近中等发达国家的平均水平
	2007	全国7万多个支持农业产业化的龙头企业、15万个农村经济合作组织及其中介组织、近100万农业经营个体大户以及200多万农民能够定期获得政府和农业部门的相关信息和服务
	2011	网民规模已经高达1.94亿,较上年同期增长20.8%;我国农村移动用户规模达到1.36亿,较上年同期增长1113万人,占我国农村网民的26.3%
跨越阶段（2012年至今）		这个时期的信息化发展更加注重顶层的设计和相关制度的制定,信息化的发展战略和体系基本形成

三、教育信息化

（一）信息技术与教学融合的研究

国外关于信息技术与教学融合的研究起步较早，相关的理论性内容较为丰富。早在 20 世纪 80 年代初，罗伯特·泰勒就把计算机应用于教学，提出了三维教学技术与模式，指出可以通过技术与课程内容融合、技术与学生需求融合、技术与教师教育融合的模式。20 世纪 90 年代以后，主要把信息技术当作学生独立完成学习任务和合作探究学习过程中传播知识的工具。"美国教育技术 CEO 论坛的第三个年度（2000 年）报告"和罗布耶的专著《教育技术整合于教学》是比较完整和系统地论述信息技术与课程整合的理论。在报告中首次从创建数字化学习环境角度去界定整合和内涵。

我国的信息技术与教学"融合"是一个随着研究的深入而不断演化而来的概念，从早期的"整合"，再到后面的"融合"，最后发展为"深度融合"。有学者根据信息技术与教育教学融合的四阶段指出，我国已经顺利渡过了"起步"和"应用"阶段，正向以"融合"和"创新"为主的教育信息化 2.0 时代迈进。陈茂林在调查中发现制约教学改革的因素主要在于教师理念转变不彻底，无法正确看待高考升学与课堂改革的关系，不敢尝试也不善于尝试等；在调查中发现信息化背景下"学讲计划"的实施转变了师生在课堂中的角色，学生的主体地位也得到体现，并且对课堂目标的达成、课堂结构、课堂内容等产生了积极的影响。[1] 吴萍在《微课在高中生物实验预习中的教学实践研究》中，结合相关的案例指出，通过微课预习能提升实验课的教学效果，微课为教师教学能力的提升以及学生兴趣的发展提供了基础和借鉴，作为一种新型互动模式，具有良好的效果。[2] 郑荣铃在《高中生物生活化教学策略研究》中提出了借助于信息技术创设生活化情境、创设生活实验探究、创设故事和创

---

[1] 　陈茂林.教育信息化背景下的课堂教学变革研究——以徐州市"学讲计划"为例[D].徐州：江苏师范大学，2017.

[2] 　吴萍.微课在高中生物实验预习中的教学实践研究[D].乌鲁木齐：新疆师范大学，2022.

设生活化作业等策略,改进教学效果与学生学习兴趣。[1] 邢丽丽在《基于精准教学的混合式教学模式构建与实证研究》中,将信息技术充分与教学融合,通过对线下教学过程的信息采集及数据分析,线上开展精准教学,使学习效率提高、教学互动频率增加、学生"分析""综合"等高阶思维能力有所提升等。[2] 罗祖兵和韩雪童在《信息技术对知识教学的僭越之思与破解之道》中,指出信息技术由于其局限性,不太适用于评估内隐教学体验,如情感体验、品德养成、信念熔铸和精神陶冶,信息技术应与教学融为一体。[3] 邢思珍在她的文章中提及:实现信息技术与课程的融合,教师发挥着重要的作用,教师应该具备良好的信息化教学思想观念和理论支持,并善于开展信息技术与学科教学整合的教学实践活动,挖掘信息化有效教学的设计方法、策略。[4] 大量研究者开展了信息技术在中小学教学中的实践研究,概括了在实践中遇到的普遍性问题。

本书作者发现信息技术与学科教学"深度融合"近几年受到广大研究者和教师的关注,根据中国知网数据库检索,近三年研究信息技术与学科融合的中文见刊文章已发表 130 余篇,而将信息技术"浸润式"地应用到教学全方位的研究相对较少。一部分研究中把信息技术当作工具使用,目前主要对信息技术如何对教学产生促进作用,或在信息技术的支持下教学的某一环节与信息技术的整合效果进行研究,缺乏对信息技术与课程全过程深度融合的实践研究。为在信息技术与学科融合的过程中,突破信息技术的局限,解决教育教学过程中遇到的问题,将信息技术与学科教学融合成有机整体,促进教育教学质量的提升,本研究以信息技术与课程深度融合的相关理论为指导,开展信息技术与课程深度融合的情境教学研究。

（二）教育信息化的内涵

回顾高等教育信息化,最早可以回溯到 20 世纪 90 年代克林顿政

---

[1]　郑荣铃.高中生物生活化教学策略研究[D].武汉:华中师范大学,2016.

[2]　邢丽丽.基于精准教学的混合式教学模式构建与实证研究[J].中国电化教育,2020（09）:135-141.

[3]　罗祖兵,韩雪童.信息技术对知识教学的僭越之思与破解之道[J].中国电化教育,2022（02）:60-68.

[4]　邢思珍.数字化时代中小学课堂教学的变革与坚守[J].教学与管理,2017（12）:77-79.

府时期,美国政府推出了"国家信息基础设施"即"信息高速公路",这一规划强调,将信息技术应用于教育,是面向 21 世纪推行教育改革的重要途径。2000 年美国教育部的《教育技术白皮书》对"电子学习"的概念描述如下:以互联网为主要载体,开展学习教学活动,它充分利用了现代信息技术提供的崭新沟通方式,体现了资源学习环境的优势。这种学习方式改变了传统教育中教师的角色和师生关系,从根本上改变了教育的结构和性质。国内学者提出的教育信息化"过程论"和"结果论"最受关注。"教育信息化过程论"强调的是充分利用现代信息技术,不断丰富教育资源,不断优化和完善教育过程,主要学者有南国农、李克东和陈琳等;"教育信息化结果论"强调信息技术的使用带来的新的多元化的教育环境,主要学者有祝智庭、郝梓旭和何克抗等。无论是过程论还是结果论,都强调了信息技术与教育的深度融合。

"教育信息化过程论"和"教学信息化结果论"代表学者及其观点如表 1-2 所示。

教育信息化的概念有两层含义。从狭义上讲,它指的是信息技术在教育中的应用,即学习工具的信息化;从广义上讲,除了学习工具的信息化外,信息技术的应用还改变了教育观念和教育体系。换言之,教育的信息化应该被看作是一个系统的、相互关联的、渐进的过程。本书对教育信息化的研究主要聚焦于广义的教育信息化。它本质上是一个不断发展的动态过程;应用的领域主要是教学领域,利用信息技术开展教育教学,开发和利用信息资源等,促进教育改革和发展;目的在于优化教育教学过程,提高教学效率,全面提升教育教学质量。[①]

表 1-2　"教育信息化过程论"与"教育信息化结果论"代表学者及其观点

观点	学者	定义	来源
教育信息化过程论	南国农	所谓教育信息化,就是现代信息技术广泛地应用于教育之中,促进教育资源的开发和教育过程的优化,期望能够对学生信息素养的发展与提升有所帮助,推进教育现代化进程	《教育信息化建设的几个理论和实际问题(上)》

[①]　邱应征. 全面推进教育高质量发展,办好人民满意的教育 [J]. 河南教育(教师教育),2023,572(01):6-7.

续表

观点	学者	定义	来源
教育信息化结果论	陈琳、文燕银、张高飞等	所谓教育信息化，就是指以先进理念为指导，在教育领域，全面开展现代信息技术的有效利用，促进教育变革，促进师生全面创新发展，促进教育公平，提升教育质量，带动、促进新时代教育现代化发展	《教育信息化内涵的时代重赋》
	何克抗	利用多媒体计算机、网络通信等信息技术，以实现教育教学过程的优化，从而实现提升教育教学的效果、效率和效益（"三效"）目标	《教育信息化发展新阶段的观念更新与理论思考》
	李志河	教育信息化就是将现代信息技术合理有效地应用到教育领域中，以提高教育质量和推动教育改革的发展	《教育信息化2.0视域下高等教育信息化发展水平评价研究》

　　教育信息化是将信息技术应用于教育的各个方面。这个过程包含了教育及其管理的各个方面、各个层次和各个环节，如建设基础设施、收集信息技术资源、培养信息技术人才、建设信息技术应用系统等，这些都是相互影响的。值得强调的是，首先，教育信息化不仅是应用最新的信息技术，最重要的是更新教育思想和观念，改变不符合信息化社会要求的传统教育模式、方法和内容。其次，教育信息化需要同时关注硬件和软件。最后，信息技术在教育中的应用要普及，不仅要应用在教学的各个领域，包括教师培训、教学、学生学习和课外活动，而且要应用在学术交流、研究、行政和教育管理方面。数字化是当代教育改革和发展的又一热门话题，为应对数字技术带来的机遇和挑战，世界各国纷纷出台了各种政策和计划，推动教育数字化，使之逐渐成为教育发展的主流。

（三）高等教育信息化

　　根据《教育信息化十年发展规划（2011—2020年）》的界定，高等教育信息化是推进改革和创新、提升高等教育质量的有效手段，是教育信息化的创新前沿。①加强基础设施建设和信息资源开发,重视信息技术与高等教育深度结合,推进教育内容、方式、手段现代化,推动人才培养、科研组织和社会服务形式的创新,促进文化传承与创新,有利于提高高等教育的整体质量。

高等教育信息化主要包含了以下三方面内涵。

一是信息技术是高等教育信息化的推动力。信息技术在教学中的普及使教育内容、方法和手段得以现代化。这将大大改善教育质量和增加公民接受高等教育的机会,使高等教育的结构、观念、内容和形式发生重大变化,提高高等教育的整体质量。

二是育人是高等教育信息化的最终目标。使用新一代信息技术可以优化教育资源的配置,发挥学生在学习过程中的主动性,发展其实践与创新能力,提高教育的整体质量。

三是高等教育现代化是高等教育信息化的方向。高等教育信息化随着信息技术的发展和传播以及人们认识和观念的提高而加深,其最终方向是通过引入适应知识经济的学习形式来实现高等教育的现代化。

数字经济对高等教育人才培养提出了更高的要求。教育数字化是提高高等教育质量的重要驱动力和创新方式,它促进了高等教育支持系统的重新设计和重组,以及教育模式、管理制度和教师培训方法的系统性变化。传统的高等教育是以知识为基础的,但建设数字经济和数字中国需要更多创新型的数字人才,高等教育更应该注重对学生批判性思维与协作沟通能力的培养。在高等教育中越来越普遍的混合式学习和在线学习,正在逐步取代传统的线下学习方法。新型教育基础设施建设为高等教育的数字化转型提供了数字化基础。新基建是加速高等教育信息技术转型和现代化的机会,也是提高高等教育教学质量的机会。高等教育的未来发展将重新定义教育模式,积极推动线上和线下教育的融合,利用新基建力量创造无处不在的智能学习环境,刺激整个高等教育的数字化转型。

（四）高等教育信息化政策

一般意义上,政策是一种政治、行政或政府法规,在《辞典》中政策

---

① 教育部.教育信息化十年发展规划（2011—2020 年）[J].中国教育信息化,2012（08）：3-12.

被描述为"一个国家或政党为达到某一历史阶段的目的和使命而制定的行动纲领"①。政策是一个相当宽泛的通用术语,由私人业主、学校、机构、企业、国家或政府在特定时间根据具体任务制定和发布,以指导和约束其执行者和接受者实现特定目标。然而,由个人、团体或公司、机构或学校制定的政策只在狭窄的范围内适用,与公共政策不同。"现代行政学之父"伍德罗·威尔逊认为,公共政策是立法机构所制定、行政部门所实施的法规。②这一界定把法律法规与公共政策画上了等号,明显混淆了法律与政策的界限。法律法规是由立法机关制定的,而公共政策是由行政机关制定的,两者在制定主体、适用范围和效力上是有明显区别的。拉斯韦尔将公共政策等同于规划,并将公共政策的三个要素确定为目标、价值和战略。③詹姆斯·安德森认为"政策是一个或一群行动者为解决某个问题或议题而进行的有目的的活动过程"④。他强调了政策的动态性,认为它是一个由相互关联的活动和政治与环境的相互作用产生的复杂过程,这有助于我们从整体上理解公共政策。我国学者参考西方学者的观点,结合中国实际,形成了对公共政策的理解。例如,在伍启元看来,公共政策就是政府引导公私行为。⑤陈振明认为,所谓公共政策,是指一国执政党(政府)或者其他政治实体在一定时期内,为了实现某些社会政治、经济、文化目标而制定的与政治行为、行为准则相关的方针、安排、措施、办法、规则等。⑥目前,陈振明对公共政策的定义被普遍接受。公共政策的主体是国家、政府、政党或任何有重大影响的政治或社会团体;公共政策的客体是主体所管辖的各种公共事务和社会团体;公共政策的目的是为社会公共事务服务,保护广大民众的公共利益;公共政策的表现形式是政策、命令、倡议、方法、方针、规则等。高等教育信息化政策是国家部委和机构在不同时期为提高高等教育信息化水平和质量而制定和发布的权威性文件,可以表达政府在特定时期对高等教育信息化发展的各方面关注的重点和偏向。具体来说,高等教育信息化政策的含义包括以下几个方面。首先,高等教育信息化政策属于

① 夏征农,陈至立.辞海:第六版缩印本[M].上海:上海辞书出版社,2010.
② 丁煌.威尔逊的行政学思想[J].政治学研究,1998(03):32-37.
③ Harold D. Lasswell, Abraham Kaplan. Power and Society; A Framework for Political Inquiry[M]. New Haven: Yale University Press,1950.
④ 安德森·詹姆斯·E,唐亮.公共决策[M].北京:华夏出版社,1990.
⑤ 伍启元.公共政策[M].台北:台湾商务印书馆,1988.
⑥ 陈振明.政策科学:公共政策分析导论[M].北京:中国人民大学出版社,2003.

公共政策的一个分支,公共政策的一些定义同样适用于高等教育信息化政策。因此,高等教育信息化政策是国家制定的用以解决高等教育信息化相关事务的政策、命令、倡议、方法、方针、规则等的总称。其次,高等教育信息化政策的对象是与高等教育信息化改革和信息技术及高等教育深度融合相关的社会公共事务,这是高等教育信息化政策区别于其他政策的显著特征。最后,高等教育信息化政策以具有约束力的政策文本的形式表达,通常以政策、命令、倡议、方法、方针、规则等形式出现。高等教育信息化政策是信息技术和社会经济标准达到一定水平发展起来的。信息化的快速发展和对人类社会生活各个领域的渗透,总是会产生意想不到的冲突和问题,对教育提出了新的挑战。信息化在国家高等教育信息化战略中得到了关注和重视,国家要迅速制定、修改和调整了高等教育信息化相关政策。自身发展是高等教育信息化的另一个重要原因。教育现代化的发展迫切需要高等教育信息化来改变传统的教育教学方式和教育管理方式,全面提高高等教育质量和水平。而在高等教育信息化的过程中,产生了许多新情况和新问题,需要政府制定相关的政策对高等教育信息化活动加以引导、调控和规范。

高等教育信息化的顺利进行,离不开配套的政策体系。回顾历史,研究近十年来中国高等教育信息化政策的发展变化,对于分析过去,探索现实,认清中国高等教育信息化语境中的政策取向,切实为高等教育信息化发展保驾护航,无论在理论上还是在实践上都具有十分重大的意义。

第二节　会计教育的发展历史

一、第一阶段(1978—1992):重回正轨,全面恢复

1978 年,党的十一届三中全会召开,我国确立以经济建设为工作重心,会计教育和人才培养借此迎来了春天。

（一）恢复会计高等教育招生

1978 年，厦门大学、上海财政经济学院（现上海财经大学）等高等院校开始招收会计研究生；1979 年，财政部财政科学研究所（现中国财政科学研究院）招收了第一批英语专业的会计研究生，并将其送到海外学习培训，开创了中国会计人才国外培养之先河；1981 年，葛家澍、娄尔行、杨纪琬、余绪缨四位教授成为中国首批会计学博士生导师；1986 年，专门从事在职会计人员教育和培训的中华会计函授学校在太原成立。自此，覆盖中专、专科、本科、硕士和博士在内的所有层次的中国会计学历教育及在职教育体系初步建立，会计教育的培养目标、专业设置、课程体系和实践训练也逐步规范，初步建立起较为完善的会计教育培养体系。

（二）培养符合时代特点的会计人才

1982 年，上海财政经济学院和湖北财经学院（现中南财经政法大学）率先进行会计本科教育改革试点，将目光聚焦于培养全面发展的会计学高级人才，使其能够适应我国社会主义现代化建设需要，同时又能够兼顾教学和科研工作。根据两家试点院校的办学情况，财政部与原国家教委确定高级会计人才应该具备在企事业单位、学校、科研机构及会计师事务所等领域从事理论研究和实践运用的能力。

二、第二阶段（1992—2000）：体制转轨，蓬勃发展

1992 年，党的十四大正式提出要建立社会主义市场经济体制。这一目标的提出给"资本主义还是社会主义""计划还是市场"之间的争论指明了方向。它明确了我国要走中国特色社会主义道路，我国会计教育也要随之改变。自此，我国会计教育开始充分吸收借鉴国外发达国家的经验，进入蓬勃发展的新时期。

（一）会计制度发生根本性变革，促进会计教育创新

1992年，《股份制试点企业会计制度》《企业会计准则》和《企业财务通则》等的发布，为我国会计制度由计划经济会计转向市场经济会计、会计教育由计划经济会计教育体系转变为市场经济会计教育体系奠定了基础。此后，我国会计教育体系废止了20世纪50年代的苏联做法，转而与欧美等国家的国际惯例接轨。我国在吸收借鉴发达国家经验、研究国际会计管理与准则的基础上，迎来了会计教育的大讨论、大发展、大繁荣，"会计接轨""会计国际协调"和"会计风暴"等术语开始频繁出现在媒体上。

（二）教育体系逐步细化

此阶段，专业不再按照部门行业分类，而是根据市场需求进行相应设置，"国际会计""管理会计""会计电算化"等专业应运而生。课程也有了较大调整，主要表现为将工业企业会计中的产品成本核算部分单独设定为"成本会计"，将"会计电算化"进一步扩展为"会计信息系统"，同时取消了一些不适用的课程。一些院校借鉴美国的做法，将"会计学"拆分为"初级会计学""中级会计学"和"高级会计学"三门课程。实践教育方面，为加强学生对实务的理解，天津财经学院（现天津财经大学）等院校先后建立会计实验室，让学生在实验室里进行会计核算演练及电算化操作练习。这一阶段，中国会计教育从计划经济会计教育模式蜕变为市场经济会计教育模式，充分借鉴了以美国为代表的发达国家的会计教育与培养方案，去其糟粕，取其精华，我国会计教育蓬勃发展。

三、第三阶段（2000年至今）：通识教育，面向国际

伴随着我国对外开放程度的深入和市场经济的快速发展，国际贸易更加频繁，专才型会计已不能满足市场的需要，因此这一阶段的会计教育展现出通识教育、国际化发展的趋势。这里的"通识教育（general education）"与"专才教育"相对应，指的是一种致力于培养综合人才的教育。它要求培养出来的人才不仅要精通专业知识，还要了解公司管理

的总体状况,拥有全面合理的知识结构、健康的体魄和健全的人格。

（一）教学体系趋于国际化

目前大部分院校的会计专业逐渐以"宽口径、厚基础、强能力"为方向,注重素质与能力的协同发展。这一阶段的会计教育兼顾人文、社会科学的内容,引入经济学、管理学、社会学和法学的基础原理性内容,优化学生知识结构,提升学生综合素养。专业设置方面,主要的调整体现在学科专业分类上,将"会计学"合并至"工商管理"一级学科之下,增强会计教育的通识性。课程体系方面,在教育项目、教学内容、办学形式、教育交流方面不断与国际接轨,会计教育逐步呈现国际化特点。

（二）开展会计领军人才计划

2005 年,为培养一批高端会计人才,以适应我国经济社会全面持续健康发展和会计改革发展的需要,财政部正式启动全国会计领军(后备)人才培养工程。根据《会计改革与发展"十三五"规划纲要》中深化会计领军人才培养的要求,财政部于 2016 年制定了《全国会计领军人才培养工程发展规划》,努力打造全国会计领军人才培养工程整体框架、制定具体计划及工程推行长效机制,通过选拔和培养,壮大我国会计领军人才队伍。

（三）会计继续教育制度深化

2018 年 7 月 1 日,《会计专业技术人员继续教育规定》施行,规定具有会计专业资格的人员在取得会计专业技术资格后的下一年度、不具有资格但从事会计工作的人员自从事会计工作第二年起,需参加继续教育并取得相应学分。会计从业人员有接受继续教育的权利和义务,用人单位也需保障会计从业人员的该项权利和义务。新政策还针对会计专业技术人员继续教育的内容和形式进行创新,明确会计专业技术人员继续教育内容包括公需科目和专业科目,财政部需定期发布继续教育公需科目、专业科目指南。

第三节　信息化背景下会计教学的发展趋势

一、财务智能化趋势下会计教学改革与转型

随着互联网及相关信息技术的不断发展,我国在财务相关人才培养方面也逐渐发生了巨大转变,逐渐向着智能化方向发展。为了更好地在当前的背景下培育相关人才,要从教育抓起,对现有会计学基础课程教学内容进行改革和实践,并结合相关内容,科学合理地构建课程体系,将信息化内容融入教学过程中,打造良好的教学模式,加强学生实际操作,丰富教学实践活动,在财务智能化趋势下,做好会计人才的储备和培养。

随着信息技术的不断发展,以财务中心为代表的相关财务智能化工作模式已经在我国得到广泛运用,并得到了我国政府的大力支持。同时,在相关规划中提出,要深入推动财务智能化并对会计职能进行进一步拓展,提升相关工作人员的能力和水平,打造在财务智能化趋势下全新的人才培养模式,做好人才储备,进一步促进我国财务管理工作有效转型。为此,要从教育入手,在相关会计教育中优化内部资源,保证教学质量,有效拓展学生素养,并给其提供足够的实践渠道,助力学生全面发展。同时,要加强对我国在职会计的培训,并为其展开新技术学习和经验交流提供平台,不断为财务智能化趋势下会计人才的培养提供强大信息和数据支持。

(一)财务智能化趋势的新特点

1. 业财融合化

随着财务的智能化,业务部门与财务部门之间的联系更为紧密,其业务内容和现金流动在智能化背景下更为清晰和明确,财务人员能更好

地融入业务部门中。基于智能化系统的应用,财政部门会计人员管理幅度和深度得到了进一步提升,对会计人员自身的职能也得到了一定拓展,与业务部门融合的程度更为深刻。这一特征决定了在当前的背景下想要培养会计人才,需要其积累知识,拓宽视野,从整体的角度对财务管理的内容进行综合思考。[①]

2. 系统集成化

随着智能化脚步的不断前进,在财务工作管理中,会计人员可以依托相关系统,在该系统上进行工作。依托于信息技术,会计工作内容数据处理更加简单,并能将原本分散的信息和业务内容统一进行管理和工作,相比于传统的工作形式更具系统性。同时,该系统也会与企业整体系统以及企业外的系统相连接,在有效提高企业工作效率的同时,收集外部市场信息,为会计人员累积更多市场信息,提高财务部门在企业工作中的参与度。当前,在对会计人才进行培养的过程中,要帮助其提升相关系统操作技术,以便于能更好地投入到工作中。

3. 终端自动化

在智能化的驱动下,财务部门在收集信息和管理的过程中逐渐出现自动化这一特征。智能化更新了会计处理相关业务的方式,自动化系统终端的出现大幅度提高了财务部门的工作效率,将会计工作推上新台阶。目前,基于相关智能化数据采集系统,采用远程采集模式,对票据等进行扫描、归纳、保存已经成为我国企业财务部门工作的正常流程。为此,要对会计人员进行相关工作内容的系统学习和培训。

4. 财务共享化

财务共享化也是在财务智能化趋势下出现的新特征之一,其主要是指基于财务系统的共享平台,对相关工作进行集中处理,并进行相关信息的分享。为了更好地实现财务信息共享化,需要提升相关工作人员的谋划能力以及对潜在风险的控制能力,为企业的决策过程中提供良好信息和数据的支持,有效控制风险,提升企业经济收益,进一步推动财务智能化,促进财务管理模式的创新和优化。

---

① 曾爱青,邓梓菡,曾建辉. 财务智能化背景下企业财务 BP 人才培养与转型研究 [J]. 财务与金融,2022(03):69-73.

（二）财会人才培养现状

1.智能化教学模式有待强化

结合目前的时代发展情况，会计工作中较为基础和具有重复性、规律性的工作必然会被信息化内容所取代，日后的会计人员需要利用大数据以及相关信息技术对账目以及数据进行分析、决策，设计潜在风险预警方案，这进一步要求相关专业院校将智能化内容融入自身的教学过程中。但目前相关专业院校主要的授课方向仍集中在相关软件操作和基础知识及理论的讲解上，未对数据整理、分析以及其他智能化内容进行深入教学，这会影响学生对数据以及相关操作系统的管理能力，无法直接投入工作中。

2.学生实训操作不到位

目前会计专业学生的实训操作或多或少都存在一些问题。尤其是高职院校，由于两年内无法完成较为完善的理论知识教学，部分高职院校会挤压学生的实训时间，用来进行基础理论知识传授，从而导致学生缺乏实践经验。在学生进行实训的过程中，无法将教学理论很好地融入实践中，两者相互独立，导致理论学习内容和实践操作无法形成有效统一。另外，由于教师对智能化内容关注较少或者未将智能化内容融合在教学中，学生在对相关系统进行操作时可能会略显吃力。在本科院校中，亦不同程度地存在类似的问题。

3.财务管理人员自身观念有待转变

对在职会计人员来说，财务智能化的不断推进，对其在学校学习的系统知识以及多年的实践工作经验都形成了一定的冲击。在此背景下，部分财务管理人员没有及时转变自身的观念，无法适应智能化体系下的财务管理工作。同时，引入智能化系统后，部分会计人员无法熟练掌握操作技能，从而影响财务工作效率，打击了其工作的自信心和积极性。这就需要相关企业对会计人员进行系统知识理论的培训和相关技能的培养，以有效帮助财务人员转变自身观念，并掌握相关系统的操作技能提高其信息化素养。

（三）财务智能化趋势下我国会计教学改革的对策

1. 对在校会计专业学生的会计人才培养

（1）内部资源和设备的优化

结合目前财务智能化趋势下社会对会计人员职能的拓展需求，相关专业院校想要更好地为社会和市场提供新型会计人才，首先，要进一步完善自身的内部资源。专业院校要结合教学实际，明确市场对会计人员的新需求，探寻多元化培养学生的道路，并对现有培养模式进行创新和优化，合理分配教学内容，增加智能化信息数据分析以及风险方案设计等内容，拓宽会计职能，促进学生全面发展。其次，专业院校要加大对相关智能化设备的投入，引进智能化系统让学生进行实际操作，以更加有效地促进学生进一步了解信息化趋势下财务工作的基本内容。另外，学校还可以与相关企业展开合作，以利于企业了解最新的会计知识理论，也为学生实训提供良好的场所。学校依托企业的场地，可以在工作环境下快速提升学生的职业水平和素养。

（2）强化师资团队

在智能化趋势下，只有提升师资团队的力量，才能更好地保证财务会计人才的培养质量。教师作为教学的直接参与者，其教学素养和能力直接影响学生。目前，虽然中老年教师具有足够的教学经验，但对智能化内容的认知较为缺乏，年轻教师虽然具有一定的信息化素养和操作经验，但缺乏教学实践，导致各专业院校面临新、老教师之间能力和水平差距较大，难以满足目前社会和市场对会计人才培养实际需要的问题。对此，各专业院校除了可以开展相关培训外，还可以让老教师与新教师进行有效合作，形成师徒关系。在此模式下，中老教师向年轻教师传授实际教学经验，增强其对课堂的把握程度。而年轻教师则可以向老教师传授智能化系统操作知识，帮助其提升信息素养和对智能化内容的认知，以这种方式让教师之间的能力差距有效缩小，为学生提供更好的教学体验。

（3）优化和完善课程体系

目前，我国各专业院校在培养会计人才的过程中，其核心专业课程和教学体系较为稳定，并未产生较大变化，从而导致课程内容无法跟上财务智能化的相关要求及需求。培养会计人才的知识体系和培养模式无法适应社会经济环境以及市场的变化。为此,各专业院校应积极对自身的课程体系进行优化和完善,加入智能化内容,令教学和培养模式更贴近社会与市场需要,并有针对性地开展相关课程教学工作,满足不同学生对发展方向的需求,以更好地培养出新型人才。同时,在课程的安排上要注意将理论和实践相结合,给予学生足够的训练、实际操作的时间和空间。另外,还要设置职业道德课程,提升学生对会计工作和职业道德的认知,帮助学生树立正确的思想道德意识。

（4）创新课堂教学方式

除了对自身的课程体系进行优化外,各专业院校还要进一步对会计课堂教学进行创新和改革,帮助学生拓宽视野,更新教学内容,寻找新型教学方法,提升课堂教学质量。当前我国信息技术不断发展,相关学习平台如雨后春笋般涌现,教师可以利用相关教学平台有效地整合教学资源,引导学生自主学习。利用平台上的资源进行教学,学生可以拥有较大的自我选择空间,有目的性地在平台上搜索和选择自身较感兴趣的会计内容。平台上的交流系统较为完备,不仅可以促进本校师生进行会计知识的交流和问答,还有助于不同学校的教师进行友好的经验交流。在此模式下,不仅学生可以通过平台及时解决自身在学习中的问题,教师也能及时从学生那里获得反馈,对自身的教学内容进行进一步的优化和反思。同时,与他校教师进行友好交流,有利于教师进一步提升自身的教学能力和素养。利用网络进行学习,可以让学生接触到更好的教学资源,为原本较为枯燥的理论课程增添了一些趣味性,增加学生对学习会计知识的热情。

（5）监督评价体系的优化

建立了较为完备的智能化财务教学知识系统后,需要建立一套与之相匹配的监督评价体系,才能更好地发挥新知识教学系统的全部作用。为此,首先可以在学生学习和考评方面上增加相关内容,有侧重性地对学生进行学习评价,提高评价的科学性。具体来说,可将线上教学和线下表现相结合,对学生的理论知识学习、实践操作以及综合能力及信息化素养进行综合考量和评价。其次,可以组成监督委员会,保证新的教育模式和流程能够有效落实在教育过程中,并在监督过程中进一步完善评价监督体系,形成较为完善和流畅的保障体系。除此之外,结合智能化趋势下社会对会计人员提出的新要求,评价中要体现对学生综合能力以及专业文化素养的内容,多角度、多方面对学生的综合能力和信息素养进行培养。[①]

2. 对在职会计人员的培养

(1)相关理论后续培训

对在职会计人员来说,做好相关理论的后续培训,对其在智能化趋势下提升自身的工作能力和水平极为重要。首先,在培训在职会计人员的过程中,对教学内容的选择应有别于对在校学生进行培训的内容,选择有一定实际工作基础的教学资料对在职会计人员进行培训。企业也可根据自身的发展需要,结合相关智能化内容编写交互式教材,强化对会计人员相关业务能力的培训,并让其充分了解智能化背景下社会对会计工作提出的新要求。其次,企业要对相关政策文件进行解读,并将其融入交互式材料内,帮助会计人员转变工作思维。在在职会计人员对基础政策文件有一定了解的基础上,企业可组织工作人员对文件进行学习,进一步加强会计人员对政策的解读能力。此外,企业还可组织在职会计人员对国际会计的基本内容进行学习,进一步促进会计人员了解国内外准则内容的不同,为企业构建良好的会计工作基础环境。

(2)信息技术教学

不同于在校学生,在职会计工作人员能直接接触到财务管理工作的新兴技术,因此,对其进行信息技术教育显得十分重要。首先,对于智能化财务管理系统,在职会计人员要能熟练地运用其进行相关数据的整理和分析。因此,在对在职会计人员进行培训的过程中,除了要帮助其增加知识理论外,还要提高其处理和分析数据的相关能力。其次,企业在培训过程中要注重增强会计人员的数字技术能力。具体来说,在利用信息共享中心对相关信息进行运用和分析的过程中,要引导财会人员利用数字化技术进行工作。如果在培训中将数字化技术与财务信息化内容脱离开来,就会导致会计人员的日常工作无法满足企业发展的需求,从而影响相关信息的分析和运用。

综上所述,随着信息技术的发展,市场与社会对会计人员的基本需求产生了重大变化,需要会计人员进一步提升自身的能力。而高校作为

---

① 郑苇.财务智能化背景下高校会计人才培养趋向[J].当代会计,2021(10):185-186.

培养会计人员的主阵地,在制定相关目标和培养措施时,应站在时代的角度,将财务智能化及其相关内容融入教学过程中,并将培育重点放在培养复合型高端会计人才上,根据时代与社会的要求,探索新型教育模式。另外,在职会计人员也要顺应潮流,对自身的工作方式和理念进行升级换代,提高自身的信息化和智能化职业素养,唯有如此才能有效提高自身的工作质量和效率,有效促进智能化工作流程在财务管理中顺利落实和实施。

二、大数据时代会计教学的改革与转型

伴随互联网的发展,云计算、大数据和物联网逐渐进入人们的视野。本书着重探讨大数据时代给会计专业教育造成的巨大冲击,并深入分析当前的会计专业教育中存在的挑战和机遇。最后,根据高职会计专业教育教学改革和实践,提出行之有效的政策,期望能够给会计专业教育工作者带来一些参考价值。

在如今信息化急速推进的时代环境中,会计行业借助互联网,依托物联网、云计算、大数据及互联网等新兴技术,完成了传统会计行业的技术升级和转型,呈现了全新的行业形态。在这种情况下,我国会计人才的培养目标和培养模式都需要迎合会计行业的发展进行相应的调整。

（一）大数据的概念和优势

大数据是指由全新的处理模式形成的对于多样化海量数据与信息资源有着超强洞察力、决策力与判断力的网络体系,其以综合信息采集为基础,对海量信息进行集中式分析和加工。就会计专业而言,利用大数据技术可以将与其有关的各项信息进行迅速融合,为企业提供具有参考价值和导向性的数据,促使企业决策更加科学,从而使企业获得更加强大的发展动力。

将大数据技术引入企业运营发展中,能够迅速增强企业对于市场变动情况的感知力,同时能够增强企业内各个部门的工作认知,使企业对市场动向有超强的感知力,以应对市场的激烈竞争,帮助企业进行发展定位与战略计划的适当调整,增强综合实力。

（二）大数据时代高校会计教学改革存在的问题

会计专业具有实践性与应用性双重特点，大数据时代背景下会计学科实践板块与理论板块的教学均迎来了新的发展机遇与更严峻的挑战。绝大多数高校对这一点早已有清晰的认识，着手制定应对策略，但教学改革过程中仍存在着一些与企业实际不符合、重理论轻实践的现象。

1. 重理论轻实践

目前，仍有一些院校的会计专业教学重理论而轻实践，对于理论知识的教学过分强调整体性和系统性，但是未能紧跟社会发展的变化，对会计人员提出实践能力的新要求，对实践能力的培养关注较少，实践课程则存在着具体项目支撑力量不足、实践训练形式化明显等问题。这种基于理论内容设置的会计教学很难使学生建立起对企业财务实务系统而直观的理解。

2. 学生的数据处理能力有待提升

大数据的到来在为高校会计专业的学生提供丰富的数据资源的同时，也对传统会计教学提出了空前的考验。随着网络信息技术的快速发展，学生在学习过程中受多元信息与文化的影响日益显著，致使其自主学习的积极性与自我意识降低，长此以往，会影响学生对资料进行搜集、整理和分析的积极性。

3. "双师型"师资力量薄弱

传统会计教学中的教师并没有高超的会计信息化技术，在实训教学质量方面有很大的改进空间。高校教师工作内容繁杂，工作量大，到企业培训和学习的机会不多。而多数企业的财会内容及资料都需要保密，即便企业能提供一些相关的业务学习内容，也并不能触其实质，所以对教师积累实践经验的促进作用并不大。一些院校的领导层对大数据时代的认识不足，对大数据技术的应用不够重视，因而对软硬件的投入不到位，大数据技术与移动互联网没有很好的融入会计专业建设，不利于大数据时代"双师型"师资队伍的发展。

4.缺乏技能训练机会和时间

即便是进入大数据时代,社会对学生技能水平的要求有所提升,但部分高校安排的会计专业技能训练时间并未增加,致使学生对会计工作流程、形式、内容和成果等缺乏了解。现有技能训练存在着安排不尽合理、不适应应用型人才培养目标等问题。从实训条件来看,并非所有的学校都符合人才培养的标准,表现在没有系统性的实训基地、学习软件没有跟上现代企业的应用等。由于缺少"双师型"教师,会计专业学生难以受到全方位的引导,职业素养不变,出现业务能力、沟通能力等的不足。

(三)大数据时代会计教育教学改革与实践对策

1.确立大数据会计人才培养目标

伴随着社会经济的发展,企业经济业务转型升级的步伐不断加快,极大地改变了会计核算方式。大数据和云计算等新一代信息技术的产生为会计业务注入了新的内涵,做账、报销和审计过程实时化。会计人员已不囿于在办公室进行核算,还要实时跟踪,全面掌握每笔经济业务的情况,这对会计人员的专业能力提出了新的要求。在此背景下,各高校有必要研究市场动态、深入企业内部,运用大数据技术,以满足行业对会计人才培养的需求。以大数据会计为专业人才培养主攻方向,优化和调整现有课程设置、人才培养方案,以保证培养出的会计人才能满足大数据时代各行业的需要。

2.培养学生挖掘网络资源的能力

互联网、大数据为社会各行各业都带来了改变,在互联网技术日趋成熟的今天,教育教学改革在互联网技术的推动下逐渐呈现良好的效果,学生基本上都有上网的工具,可以通过网络资源来主动地学习。大数据时代的来临,一方面为学生提供了自由学习的空间,他们能够在没有时空约束的情况下自主学习。另一方面,互联网中海量的会计资源也让学生选择困难,目前会计专业学生面临的最大问题就是如何迅速甄别网络资源,选择使用海量的会计资源高效地学习。在此背景下,会计专业教师可协助学生选择会计学习资源,并鼓励其关注会计相关专业机构的微信公众号、微博和其他公众平台,接收专业的信息推送,作为深入学习的工具。另外,教师也可开展会计课堂教学数据应用的实践教学工作,为学生提供几个比较专业的站点,如会计之家、中华会计网校、巨潮资讯网等,指导学生高效地学习。

3. 通过大数据技术实现远程校企合作

就高校人才培养而言,校企合作属于很常见的形式,它通过和企业构建人才培养战略合作关系来增强人才培养的针对性,缩短人才的岗位适应期,极大地增强人才的实用性,达到"双赢"的目的。但伴随着高校招生规模的不断扩大和学生人数的不断增加,企业很难容纳这么庞大的学生队伍,校企合作难以让每个学生都受益。伴随着大数据时代到来,多种先进的科学技术层出不穷,给企业信息、数据的共享带来了可能。校企合作可以在网络上进行,企业不必再为人才培养没有场地而犯愁,而学校则可提供相关资源有针对性地培养学生,以保证培养出来的人才能够满足现代社会的需要。与此同时,大数据的使用实现了学生档案的实时更新和记录,方便企业招聘时确定自己需要的人才。

4. 着力抓好"双师型"教师队伍建设

高校会计专业教学模式改革中,教师的作用显而易见,大数据环境下,如何提升教学效率成为急需解决的问题。为了确保会计课程的教学质量,必须加强教师队伍的建设。一是要强化专业培训。鼓励并组织教师参加国家级培训,了解会计行业最新动向,获取前沿信息,扩大教师专业交际圈,增加专业合作机会。二是要重视校园常态化训练。通过举办教师内部竞赛等方式,搭建教师之间就新型教学模式、理论等进行交流切磋的平台,努力提高教师的业务水平和教学能力。三是要建设一支"双师型"教师队伍。一方面,组织本校专业教师深入合作企业,参与企业的会计业务,了解目前行业对于人才的真实需求,使教师能合理设计课程内容;另一方面,可邀请合作企业的高层次会计人才担任学校兼职教师,并通过校内外导师的深入合作促进第一课堂、第二课堂和第三课堂的教学,最终强化科研管理。在增加会计专业课程改革经费和加大政策支持力度的前提下,通过网络课程、同行交流和课题申报为教师搭建多样化的科研和学习平台,使教师可以消除后顾之忧,全身心地投入科研。

5.促进学生会计实践技能的培养

当前,依旧有部分高校在组织开展会计专业课程教学的过程中更加倾向于向学生传授理论知识,并采取多元化的教学策略检验和强化学生的理论基础,但是,却不同程度地忽视会计专业学生实践技能的培养。大数据时代,高校不仅需要培养专业知识扎实过硬的会计专业人才,同时还要推动学生综合实践能力发展,使其将来步入社会之后能够将所学的专业知识有效地应用于岗位操作实践,从而为社会提供更加优质的复合型人才。会计专业知识具有高要求、实践性强等特点,大数据时代高校会计专业教师在制定教学方案、教学大纲时更应关注会计专业知识的特点,把实践能力培养摆在较高层次,借助大数据技术对学生进行客观、精准的实践技能检验,以各类云教学平台为支撑,推动教学方式的持续创新,优化课程教学内容,有助于学生掌握理论知识,积累实践经验,为其今后的发展奠定坚实的基础。

6.推动会计专业考核模式智能化发展

大数据时代,智能化成为一种必然的趋势,为进一步促进高校会计专业跟上时代步伐,需要将智能化技术应用到教育考核中,并对当前的考核机制和方式进行不断的调整与优化。在这一进程中,可以现代信息技术为辅助,实现评价的智能化。例如,学生的考勤、学时记录和整理可在软件平台上完成,考试可借助网络题库完成。另外,在教育考核评价改革中,应创新考评方式,引入多元化考核指标,以教师考核为主线,开展学生自评和生生互评,合理设置考评指标及其权重。通过推进智能化考核保证教学评价公正、客观,给学生提供一个自我反思、自我总结的舞台,帮助学生更深刻地认识自己存在的问题。

总之,在大数据时代背景下,传统会计业务正经历着巨大的变革,面临着空前的挑战与契机。当代企业会计管理与云会计运用日益受到重视,社会对会计人才的需求发生了很大的变化,高校应紧跟人才需求的变化,调整自身的教学思路。大数据时代,高校应在人才培养目标、课程体系建设以及新时代专业软件使用等方面合理运用多元化数据资源与共享学习平台,使专业教学与时俱进,向社会提供适应职业需求的会计专业人才。

第二章　信息化背景下会计教学改革的必要性

中国特色社会主义进入了伟大的新时代,新时代具有新使命、新任务,同时也具有更高的要求。在信息化飞速发展的时代,我们既要抓住机遇来发展,也要应对发展带来的挑战。就会计教育而言,要求也越来越高,会计人员的素养及职业道德不仅要有"量"的变化,更要有"质"的飞跃。本章基于当前会计教学的问题来具体分析信息化背景下会计教学改革的必要性。

第一节　信息技术对会计行业的影响

一、会计电算化及其对传统会计的影响

会计电算化模式可以优化会计处理流程,减少会计人员的工作量,提高会计处理质量,企业一定要重视会计电算化模式的应用。本部分就会计电算化对于传统会计的影响进行详细分析,分别探讨会计电算化的应用对于企业会计工作方式、记账规则、会计核算以及会计信息质量所造成的影响。企业应当制定会计电算化的应用和发展策略,做好制度建设、人员培训、信息保护等工作,从而更好地提升会计电算化工作水平,更好地发挥会计在企业发展中的作用,推动企业更好地发展。

（一）会计电算化概述

会计电算化的概念最早于 20 世纪 80 年代被提出,是指将计算机技术和数据处理技术与会计相结合,通过改变传统的手工记账、人工处理数据的工作模式,实现数据自动化处理来提高核算效率,将传统会计发展为综合数据处理、信息技术等多门学科的综合性会计。会计电算化的发展解决了传统工作中的重复性问题,通过计算机技术改变了人工因多次核算而耗时耗力的缺点,大大提高了会计事务的处理效率。同时,会计电算化有助于定量分析企业日常经营过程中的多种财务信息,让会计人员准确、及时地了解企业财务相关信息,让决策者更快地对企业的规划进行调整。会计电算化的推广不仅节省了人力和物力,也大幅缩短了决策者的信息搜集时间,有效提高了企业运营效率。

1.会计电算化的特点

（1）准确性

计算机技术在会计行业中的应用,对传统会计造成了很大的影响,会计电算化逐渐成为重要的工作模式。与传统的会计模式相比,会计电算化具有更多优点,对于提升会计工作效率和质量起着重要的作用。准确性是会计电算化的重要特点之一,因为通过借助计算机来开展会计工作,不仅可以储存大量的数据,还能实现数据的自动化计算,减少了手动计算量,进而降低了人为因素对于会计计算的影响,大大地保证了会计处理的准确性。处理完的会计数据,能通过计算机快速传递给其他财务人员和管理人员,提高了会计数据的共享水平。

（2）自动化

开展会计电算化工作,具有明显的自动化特点。计算机的应用,逐渐实现了会计信息的自动化处理,除了部分会计数据需要手动进行输入,其他数据均可借助计算机来自动获取,提高了数据获取的效率,也减少了人为因素的干扰,保证了数据的准确性和客观性。此外,借助互联网技术,储存在计算机中的会计数据可以实现共享,借助数据筛选技术减少数据重复现象的发生。

（3）标准化

标准化是会计电算化的重要特点。工作人员在借助计算机开展会计处理工作时,计算机软件会按照相关的程序进行自动化处理,并且严格按照相关的标准进行处理,使得会计处理的标准化水平得到极大的提升。此外,企业应用财务会计软件时,需要遵守相关的会计工作规范和操作要求,以保证会计核算、会计记账和财务报告的准确性和规范性,大幅地提升了会计处理的标准化水平。

2 会计电算化与传统会计核算的区别

当前,会计电算化的范围越来越广泛,是会计未来的发展趋势。相较于传统会计,会计电算化在以下几个方面有所不同。

(1)对人员素质的更高要求

传统会计工作人员只需要具备会计专业知识即可,而会计电算化对会计人员的能力有了更高的要求,除了基础的专业会计知识外,还需要掌握相关的计算机信息技术和管理知识。日常工作中,在处理日常会计事务的同时,还要灵活应对计算机故障、软件更新等问题,更好地发挥会计的财务管理作用。由此可以看出,会计电算化对工作人员的综合素质有了更高的要求。

(2)财务处理程序更加灵活

传统会计账务处理有严格的时间顺序,如记账凭证的整理、信息汇总、凭证汇总、账务处理等工作的开展都有先后顺序。在传统会计手工记账、人工核对的工作方式下,计算错误率较高。一旦出现错误,所有环节都需要重新核算。而在会计电算化的工作模式下,数据的处理、核算等都由软件系统处理,在保证准确率的基础上,信息传输速率和范围都有了很大的改进,大大提高了工作效率。

(3)会计控制制度不同

科学的会计控制制度可以减少财务信息错误的发生,在会计工作中有重要的作用。会计控制制度通常分为内部控制制度和审计审核制度,会计电算化背景下的会计控制制度与传统会计有一些不同。在内容上,传统会计主要涉及人工处理,因而相关制度主要针对员工制定。而会计电算化管理制度的侧重点有了很大的不同,由于在会计中融入了计算机操作、数据库管理等工作,因此会计电算化下相关的会计制度更加复杂,需要制定更全面、科学的会计管理体系。会计电算化下的控制制度主要围绕人机展开,在计算机系统管理、操作权限、防火墙等方面都有明确的规定。此外,由于涉及网络,需要加强网络信息风险防范意识,这在传统会计控制制度中很少涉及。

（二）会计电算化对传统会计的影响

1. 对会计工作模式造成的影响

会计电算化的发展及其在企业中的广泛应用，对传统会计造成了极大的冲击和影响，转变了传统会计工作的模式，加强了会计工作和其他工作的融合，切实提升了会计处理的效率和质量。传统的会计工作模式，主要是通过人工的方式来进行记账与会计核算，容易由于主观因素造成工作失误，进而影响会计信息的准确性。例如，在修改会计数据时，传统会计工作人员需要使用交叉线进行更正修改，不仅需要较多的时间，也会对会计处理质量造成影响。随着会计电算化的发展和应用，可借助计算机技术来代替手工，既提高了工作效率，也确保了工作质量。

2. 对会计记账规则造成的影响

在传统的会计工作中，通常利用人工记账和计算器等来进行数据的处理，其流程繁琐、低效、出错率高。会计电算化使记账方法发生了根本性的变化，会计人员只要把有关资料输入电脑，就可以用系统软件进行加工，有效地解决了传统的会计核算方法存在的漏记、错记等问题，确保了企业财务数据的真实、可靠。

3. 对会计核算造成的影响

会计电算化对会计核算也造成了很大的影响。第一，会计核算方式发生了很大的变化。传统手工会计模式下，工作人员只能使用手工的方式开展核算工作，针对时刻变化的会计信息，核算工作量大，难度高，导致整体的核算质量难以保证。随着会计电算化的发展，会计人员可以借助计算机技术、信息技术来进行会计信息的核算和处理，能够及时应对随时变化的会计信息，确保核算的准确。例如，在进行手工核算时，许多会计代码是难以应用的，会计人员也很难对记账模型进行深入处理，会计电算化则加强了对各种会计代码的应用，大幅地提升了会计分类水平。第二，会计电算化提升了会计核算结果的准确性。传统的会计模式主要采用手工核算的方式，在核算过程中难免会受到人为因素的影响，从而导致核算问题的发生,难以确保整体的核算质量。随着会计电算化的发展,会计人员能够事先在财务软件中设定相关的会计核算规则,在核算过程中只需要输入相关的数据就可以快速完成核算工作,不仅提升了核算效率,也确保了核算质量。

4. 对会计信息质量造成的影响

会计电算化的发展,对会计信息质量也造成了很大的影响。要发挥会计的作用,必须确保会计信息质量,确保会计信息的准确性。在传统会计模式下,会计数据都是从会计报表中获取的,信息的时效性不高,信息数据来源有局限性,不能为企业决策的制定提供全面可靠的会计信息。在会计电算化模式下,会计人员能够借助互联网来快速获取相关的会计信息,且获取的信息更具准确性,进而更好地发挥会计信息的作用,更好地推动企业的发展。

(三)会计电算化发展的具体策略

1. 转变会计人员的工作理念

为了更好地提升会计电算化工作水平,提升企业会计信息的处理质量,企业需要采取相关的措施来做好会计电算化工作。由于会计电算化和传统会计模式存在很大的差异,因此会计人员要转变工作理念,及时摒弃传统的会计理念和模式,加强对会计电算化的学习和应用,用创新的态度来做好会计工作,更好地推动会计工作模式和会计职能的转变。

2. 规范会计软件市场及软件管理

第一,国家的立法机关应该尽早颁布有关法规,对会计软件市场进行规制,防止因为产业的垄断而导致的强制购买。第二,以财务软件为媒介实现电算化。把数据录入电脑,由操作员对数据进行处理,生成不同的数据。第三,及时维护计算机辅助软件。软件的维护主要指对系统的数据进行备份和还原,对各类编码的参数进行调整,更新软件。计算机系统软件的保养是计算机系统高效运行的关键。软件的维护可以减少错误的发生,确保程序和资料的安全性,确保电脑处理流程的准确性,对软件进行改进、完善和扩展,使电算化的应用能够适应公司的发展,并利用电算化为公司的财务提供有效的服务。

3. 加强对复合型人才的培养

会计电算化对于会计人员的素质提出了更高的要求,因此企业要加强对复合型人才的培养,进而更好地开展会计电算化工作,提高会计工作质量。企业需要加强对会计人员的培训,不仅要加强会计知识、税法知识的培训,也要加强计算机技术培训,确保会计人员能够熟练地应用各种会计软件开展会计处理工作,减少操作失误。此外,企业还要重视对复合型会计人才的引进,结合会计电算化的工作要求明确招聘标准,从高校、社会中引进既具备专业会计知识又具备良好的计算机技术水平的复合型人才,更好地推动会计电算化的发展。

4. 完善相关制度

要确保会计电算化工作的顺利实施,企业需要完善相关的管理制度,发挥制度的指导和约束作用。一方面,企业需要制定完善的会计管理制度,明确不同岗位的具体工作责任和内容,明确工作人员的会计权限,避免出现责权交叉现象,确保会计工作的合法合规性。另一方面,随着经济的发展,企业要及时更新与完善原有的会计管理制度,进而更好地提升制度的约束作用。例如,企业要进一步完善现有的激励制度、考核制度等,从而激发会计人员的工作积极性,更好地保证会计处理质量。

5. 做好信息系统的安全保护工作

会计电算化工作的开展需要借助计算机和网络技术进行,虽然计算机和网络技术提升了会计数据的收集处理效率和共享水平,但是会计信息也面临着一定的安全威胁,因此企业需要做好会计信息系统的安全保护工作。首先,相关部门要发挥自身的指导和监督作用,为企业营造安全的网络环境。针对一些非法入侵他人电脑篡改数据的人员,要加强执法,提高处罚力度,进而更好地约束人们的行为,保证企业会计信息的安全。此外,相关部门要加强和信息技术公司的合作,开展信息安全保护技术的研究,并且做好信息安全防护宣传工作,切实增强工作人员的安全意识,减少安全问题的发生。其次,企业要建立完善的网络安全管理系统,提高网络安全水平,加强对计算机病毒和黑客的抵御,切实保证网络的安全性。最后,企业应当购买正版的防病毒软件,构筑网络防火墙,更好地保护企业的网络安全。为了更好地保护会计软件的信息安全,会计人员要树立良好的安全防护意识,切实做好身份验证工作,不能随意泄露自己的验证账号、密码等,降低信息泄露的概率。

总而言之,随着我国科学技术的发展,传统的会计工作模式会逐渐被会计电算化模式所取代,会计处理工作的自动化和智能化水平会逐渐提升,因此企业要加强对会计电算化模式的应用,注重提升会计人员的电算化能力,进而更好地运用电算化模式来提升会计处理效率和质量。在开展会计电算化工作时,企业需要转变工作人员的传统观念,使用规范的财务软件,培养复合型人才,完善相关的管理制度,注重做好信息安全保护工作,做好会计档案的保管工作等,从而提升会计电算化工作质量,更好地提升企业的会计管理水平,进而推动企业的可持续发展。

二、"互联网+"对传统会计的影响

"互联网+"时代的背景下,借助各种各样的信息技术手段,传统财务会计核算与业务之间的信息壁垒被打破,从而使得多角度、全方位地获取所需要的财务信息成为可能,有助于全面提升财务会计的工作质量和效率。例如,财务机器人可以代替传统的人工操作,解放大量的会计人员。这一变化可以优化构架组织,全面提升会计工作的效率。对于财务从业人员而言,"互联网+"既带来了新的挑战,同时也带来了新的机遇。从业人员只有把握"互联网+"带来的新机遇,积极面对"互联网+"带来的新挑战,才能全面优化传统会计的工作方法与模式,在提升会计工作效率和质量的同时,推动整个行业的现代化和信息化发展,进而适应"互联网+"给传统会计带来的新改变。

（一）"互联网+"对传统会计的积极影响

1. 有利于提升信息数据的质量

会计工作的基本职能在于核算与监督,在会计的日常工作中,核算是一项较为重要的职能。随着互联网的不断普及和信息技术的不断进步,传统的财务会计工作方式开始从手工计算发展到会计电算化,一些

手工流程开始被电子化的方式所替代。在实际工作中,一些会计人员仍然没有摆脱传统工作流程带来的束缚,他们仍然要面临繁杂琐碎且重复的工作,要依靠自己的经验进行单据审核,并且判断数据的合理性,确认交易或事项记入会计账簿的方法。会计电算化的应用是降低了工作的重复性和单一性,但仍然没有实现实时自动化的处理,经济业务与会计处理之间仍然存在断点。而在"互联网+"时代背景下,财务系统早已不是独立存在的个体,也不只是单位用内网搭建的用于记账的系统,更不是单位内部的一个集成系统,而是同时接入多个端口,可以实现从业务发生到结束的全过程跟踪。在整个业务流程中运用"互联网+"技术可以更好地采集数据,也能更好地记录数据,确保满足不同的工作需求,这大幅度地缩短了财务报告的提供时间,也提升了记账效率。

2. 创造了财务会计职能转变的条件

"互联网+"的深度应用催生出了云计算、大数据以及人工智能等新的技术,这些技术不断更新迭代,使传统行业发生了较大的变革。在这样的背景之下,传统会计面临着巨大的挑战。传统的会计工作中,往往依靠人力收集和整理信息,难免会出现遗漏或缺失。但在"互联网+"时代,可以运用互联网和信息技术,如通过财务机器人进行自动化处理,不仅效率高,准确率也高。其根据会计工作的实际情况,制定个性化的财务机器人,定制流程自动化的解决方案,可以全天候不间断地进行自动管理和执行。基于这样的变化,传统会计的基础性工作逐渐改由财务机器人完成,会计人员更多地需要进行财务分析等工作,这实质上引发了财务会计的职能转变。

3. 有利于促进组织结构的优化

在"互联网+"背景下,财务共享服务管理方式应运而生。一方面,它可以极大地节约运营成本;另一方面,可以借助技术促进内部管理,有效降低风险,提升管理效率,优化组织结构。

（二）"互联网+"对传统会计提出的挑战

1. 传统会计管理职能方面的挑战

首先，"互联网+"时代的到来使得财务管理面临的金融风险在不断增大。近几十年来，我国的社会经济飞速发展，国内经济开始与国际经济深度融合，我国的金融体系逐步与世界金融体系接轨。这表明我国不再是以往的"经济孤岛"，无法在经济危机和各类风险中独善其身。因此，在"互联网+"背景下传统的财务控制金融风险的方式已经无法适应现阶段经济发展的需求。其次，传统会计管理工作面临巨大挑战。当前我国社会经济飞速发展，成为仅次于美国的世界经济体。依托国家的宏观调控和战略布局，我国的经济迎来了发展的春天。但同时也要看到"互联网+"时代的到来，会计管理工作面临着更多的机遇与挑战，经济环境、政策、科技等各种因素的发展，事业单位的传统会计方式也在发生着新的变革，对于事业单位来说如何结合政策、经济、环境、科技等多种因素带来的影响，迅速找到新的会计管理方式全面提升事业单位的财务管理水平与能力，是现阶段事业单位在财务管理发展过程中需要探讨的重要课题。显然，在"互联网+"时代下，传统的财务会计管理职能无法接受这样的挑战。

2. 传统会计工作模式的挑战

"互联网+"时代的到来，对传统的工作模式也带来了巨大挑战，对于全额补助事业单位而言，资金拨付是国家调控，存在着一定的稳定性；这就导致一些单位不重视会计管理工作，自然也谈不上经济效益。而随着新一轮事业单位的改革，一些事业单位在开展各项活动的过程中，由于会计制度变化方面的变革以及新兴技术与会计工作的融合，使得会计工作发生了新的变化，也面临着较大的调整与改革，开始在管理工作中凸显出的重要性，并且在较大程度上影响单位会计工作的正常运行。在"互联网+"深度应用这一过程中，传统会计管理工作出现了诸多问题，一是"互联网+"时代的到来，对会计信息的准确度和真实性要求更高，但在传统工作模式下，会计信息失真状况相对严峻，无法对经济活动进行精确反映和分析，自然也无法服务于各项经营决策。二是"互联网+"时代的到来,要求单位需要具备较好的会计基础,然而事业单位在长期发展的过程中人员配备相当大程度上存在重复与兼任的情况,这进一步影响了会计工作的实际效果。三是单位本身存在的资产管理状况不明的问题,现金流的混乱和固定资产盘点不清,都无法适应"互联网+"时代对会计工作提出的新要求。

3. 会计人员职业素养的挑战

长期以来,会计人员在从业过程中形成了固定的会计工作模式,这使得他们的思想和工作方式墨守成规,不愿意接受新的方法与知识,导致知识与技能僵化。传统的会计业务单一,在操作上具有独立性,工作烦琐成本高,缺乏与业务部门沟通等问题,导致会计管理方面缺乏有效的管理方式与手段。"互联网+"时代的到来,会计人员需要树立终身学习意识,不仅要掌握信息技术,也要掌握会计专业的各种专业技能。但从实际情况来看,财务人员的学习能力有所不足,仅仅掌握了较为过硬的专业知识,在信息能力方面有所缺失。

(三)"互联网+"时代背景下传统会计的改革策略

1. 构建更加完善的配套政策法规推动会计信息化发展

应当积极加快会计管理的制度改革。具体来说可以从以下三个方面入手:一是要建立健全"互联网+"会计的制度体系,在"互联网+"环境下,经济活动出现了更多的新情况,对传统会计制度提出了新的要求。因此,要在制度的保障之下实现信息化发展,才能更好地通过配套机制实现会计管理制度的改革。二是应当积极创新会计管理以及会计监督模式。在"互联网+"时代背景下,要充分发挥互联网技术的优势,使会计从提供会计信息向分析会计信息转型。三是应当积极推动会计的信息化建设。主管以及监管部门应当推进部门之间的协调,推动相应的技术标准,积极推进会计的信息化建设工作,这样才能更好地推动会计信息化发展应对"互联网+"时代带来的挑战。

2. 顺应时代发展新变化变革财务会计的操作模式

首先,要基于实际情况构建更加完善的会计管理制度,要结合"互联网+"带来的新变化,构建完善的会计岗位责任制度,明确责任制度的落实,使每一个财务人员在工作中都能够各司其职,不会因为岗位职责不明而发生职责疏忽的状况。在明确的管理制度之下,以合格且严格的审批制度做保障,才能更好地提高会计工作的有效性。此外,在会计工作中还需要构建完善的事业单位财务会计管理工作内部制度,确保事业单位对资金控制更加科学合理。

其次,要进一步强化内部预算管理工作,随着"互联网+"时代的到来,单位应当确保各项资金能够得到最为合理的安排与利用。具体而言,单位对资金使用状况要进行合理的预算编制。在这一环节中,借助大数据等新一代信息技术对此前的各种财务活动状况进行全方位地分析,在数据收集与分析的基础上做好预算编制的基本依据,并且结合单位发展的状况进行预算编制,这样不仅能够促使资金的使用更加合理,也能在最大限度上避免资金使用超支状况。

最后,在严格的审批制度下应对额外费用支出问题。针对确实需要额外支出的各种费用,要在严格的审批制度之后符合实际要求进行批准。除此之外,单位每年要对预算管理工作进行全面的评估与总结,这样不仅可以更好地应对"互联网+"带来的影响,而且能够不断地发现会计工作中出现的漏洞,也能够为事业单位下一阶段的发展和改革提供良好的财务活动依据,提供相关数据,辅助单位做出决策。

综上所述,"互联网+"时代的到来,对传统行业提出了新的挑战,但也迎来了新的机遇。立足于"互联网+"带来的挑战,积极转变传统的会计工作模式,优化会计工作方法,转变会计工作观念,并且不断提升从业人员的专业化能力与信息素养,从而更好地适应时代变化,应对"互联网+"带来的挑战,使会计工作更好地服务于事业单位的发展。

三、大数据时代下会计行业的研究背景

随着大数据应用技术的发展,人们对数据价值评估的需求不断提升,使我国财务行业的发展速度更快。传统的会计核算、资金管理逐渐转向数据整合,且只有通过计算机才能获得更加可靠的动态信息,从而构建更具战略性、系统性的财务体系。大量基础工作和特殊业务的核算只能通过计算机完成,只有通过人工介入会计岗位,才能获取更多的信息资源,满足会计专业人才需求。为此,大数据时代下会计人才模式的

改变成为必然。大数据对会计行业产生较大影响的同时,也推动了会计教育的变革。

四、数字经济高速发展对会计带来的冲击

在数字经济高速发展下,会计工作的中心已发生转移,先进的信息技术分解了会计核算步骤,一部分较为复杂、耗费时间的核算工作由信息技术系统所承担,部分工作被机器系统所替代,会计工作朝着信息化、智能化方向发展。

（一）加速了会计职业转型

数字经济高速发展背景下,会计职业转型的速度加快。随着国内几大重要权威会计机构陆续推出财务机器人,会计职业已经基本实现了转型,机器和信息技术代替了人工,简化了会计工作步骤,提升了会计工作效率,会计核算基本实现智能化。这是数字经济发展给会计职业发展带来的冲击。数字经济发展是时代发展的必然趋势,因此,会计职业转型是不可逆转的,会计专业学生必须树立正确的职业观,会计从业人员必须跟上时代发展的步伐,根据市场需求不断学习进步,以适应会计职业转型的需要。

（二）提升了工作效率,对技能提出更高要求

在数字经济的冲击下,会计工作的效率虽然大大提高,但也对会计从业人员的工作技能提出了更高要求。部分会计人员习惯手工核算,这与时代发展所需要的新科技人才不符,往往面临着失业的危机。因此,在数字经济时代背景下,应转变会计职业从业观念和思想。

（三）加大了对管理能力的要求

数字经济高速发展背景下,手工核算被机器所替代,工作效率大大优于人工。市场对会计人才的需求转向管理型人才。当前,企业和组织需要的是具有管理思维和管理能力的人才,能够识别会计财务风险。

第二节　会计教学的现状与主要问题

一、教学内容落后

当前,部分高校未能及时跟上数字经济发展的步伐,未能及时转变教育目标和教育方式。以前,由于市场对会计从业人员的核算能力要求较高,为了提高学校学生就业率,学校往往只注重学生核算能力的培养,忽视了其他方面,导致学生会计思维能力培养不足。从教学内容来看,部分高校所使用的教材落后,与财政部门颁布的《管理会计基本指引》所述内容不符。从教学目标来看,一是教学目标不明确,教师未能根据学生的具体情况制定科学的培养目标,导致教学效果较差。二是教学目标清晰,但与会计专业发展和实际市场需要不符。

二、实践教学力度不足

当前,部分高校会计专业学生的实践能力不足,原因主要体现在五个方面:一是教学以理论为主,占了大部分教学课时,导致实践训练方面的课时不足;二是教师实践训练教学不够深入,学生很难真正学习企业和市场中的会计实操知识;三是课程考核中只注重知识和理论的考核,实践考核未纳入考核中,导致实践教学环节被忽视;四是高校缺乏具有实践能力和管理经验的优秀教师。专业能力强的"双师型"教师资源不足,无法有效开展实践教学;五是高校未能建立与企业的合作培养及输送机制,未能为学生提供合适的实习和实践机会,导致学生缺乏足够的实习经验,对市场化的会计实务工作缺乏必要了解,在毕业求职中缺乏竞争力。

三、软硬件投入不足

教学投入不足也是当前高校会计教学中存在的主要问题之一。教学效率的提高离不开教学方法的改进,然而,部分高校会计教学方法落后,无法在教学工具和教学方法上跟上时代发展,如会计教学缺乏足够的多媒体教室和信息化教学设备。当前,会计人才市场注重人才的思维和观点,部分学生在学校学习过程中未受到有效的思维训练,未能树立科学的会计从业观,在市场竞争中难以胜出。

四、对会计管理重视程度有待提高

目前,会计教师对管理会计课程教学重视程度有待提高。随着数字经济的发展,市场对管理会计人才的需要越来越大,如果会计教学不转变教学重心,将管理会计学纳入教学体系,并制定管理教学规划,则很容易造成人才培养与市场需求相脱节的问题。

五、学生对会计的兴趣不浓、关注度不强

影响学生在校期间学习质量好坏的因素是非常多的,教师的教学水平和学生的自主性都是非常关键的要点。学生想要提升学习成果,掌握会计技能,就必须发自内心地对会计这门学科感兴趣,只有体会到了学习的乐趣和成就感,才会主动地学习。但从当前的情况来看,学生对会计专业的兴趣不多,专注度和注意力也不强。具体来说,第一,很多学生自信心不够,在学习中体验不到成就感和满足感,每天都是疲于奔命,学习的质量自然也不好。第二,会计学是一门理论和实践结合非常紧密的课程,但当前仍是以理论教学为主,学生之前并没有接触过专业的内容,面对枯燥的会计理论,学生在课堂上的接受程度不高,注意力也会逐渐丧失。第三,学生毕业之后进入社会,但对未来的规划并不明了,对自己将来所从事的工作了解不够,对前途的迷茫将直接影响学习的效果。

六、会计教学手段不够丰富、模式单调

随着教育的不断进步和发展,学校会计教学模式和教学手段逐渐得以固定和完善。目前,会计教学主要采用课堂教学的模式,教师在课堂上围绕课本开展教学。在这种模式下,学生往往处于被动接受的地位,难以充分发挥自己的主动性和创造性。教师与学生的沟通交流有限,学生缺乏自主思考和独立解决问题的能力。因此,学生无法将相关的专业知识内化于心,难以形成自己的思维体系。学生正处于青春期,精力旺盛,对各种新鲜的事物充满好奇。然而,会计教学课堂上教学方式单一,长期采用传统的填塞式教学模式,容易导致学生注意力分散,失去学习的兴趣和动力。

教师的教学往往缺乏对学生个体差异的关注,没有根据学生的实际情况开展个性化的教学。这使一些学生在学习上感到困难,无法跟上教师的教学步骤,从而影响了他们的自信心和学习动力。许多教师对课堂教学的研究不够深入,仍旧沿用最传统、最原始的教学方式,导致教学内容和教学手段的创新性不足,无法吸引学生的注意力。此外,教师没有将日常的理论教学和实践练习紧密结合起来,导致学生在理论学习和实际应用之间存在较大的鸿沟。同时,教师也没有根据教学内容创新和丰富教学方法,使会计课堂教学效果难以得到进一步的提高。

七、教师能力有待提升

教师在会计课程的教学中扮演着至关重要的角色,其专业能力和教学水平的高低直接关系到学生专业能力的培养。然而,当前一些会计专业教师未真正从事过会计工作,仅凭会计从业资格证书和教师资格证书便踏入会计教学领域,导致他们难以将理论知识转化为实际教学能力,难以为学生提供实践性教学。此外,部分新入职的教师刚从学校毕业,不仅缺乏会计实践经验,也缺乏必要的教学能力,使会计专业教师队伍的整体素质偏低,难以达到预期的教学效果。因此,提升会计专业教师的专业能力和教学水平是当前亟待解决的问题。

八、缺乏复合型会计人才培养

在传统的会计教学模式中,学校和教师通常侧重于向学生传授理论知识,使其将大量时间与精力投入于账务处理的理论学习上。然而,随着国内科技水平的不断提升与革新,众多高科技手段已逐步融入会计工作中。因此,学生若仅掌握会计方面的理论知识,将难以避免被"机器"所取代的命运。为此,在会计专业的教学过程中,教师不仅要教授学生财务管理方面的知识,还需涵盖财务管理、管理会计及税务计算等多个领域的知识体系。目前,我国正大力推广电子发票与电子会计档案,待这些技术广泛应用后,众多会计基础岗位将逐渐消失。这意味着,科技的变革与发展将持续提高对会计人才的需求标准。因此,教师必须致力于丰富学生的知识储备,提升其专业能力与社会实践能力,以培养更多符合时代需求的复合型会计人才。

第三节　信息时代会计教学改革的机遇与挑战

一、会计课程改革具有必然性

(一)"互联网+"技术发展对会计专业的影响

在信息时代,网络科技越来越发达,各行各业在融合互联网技术的基础上迅猛发展。会计专业教学更是如此,"互联网+"和会计领域相结合成为会计专业知识发展的基本要求。互联网技术不仅促进了会计专业的发展,还为会计专业教学改革创新提供了强大技术支持。在互联网环境下,工作和学习不受时间和空间的限制,获取、共享信息极其方便,这对学好会计专业知识起到了积极的促进作用。

（二）互联网技术应用于会计领域，促进学科更新

互联网技术应用领域广，对会计学科来说既是机遇也是挑战。会计从基本的手工核算到今天的信息化会计，岗位要求已经发生改变。因此，会计专业的教材内容也应根据会计岗位做出改变，并不能像以前那样单纯教授理论知识，应该更注重培养学生的实践能力及应变能力，为学生提供实际操作环境，以完善学科不足，重建学科系统。

二、信息化时代会计教学改革面临的机遇

（一）教学资源更加丰富，教学环境更加开放

过去，高校会计专业学生的知识教育主要依赖于传统的课堂面授和培训基地教授。然而，随着互联网技术的不断进步，越来越多的在线培训机构开始崭露头角。这些机构为学生提供了便捷的学习方式，使他们不再受时空限制，能够随时随地深入学习会计专业知识，进而实现自我发展和提升。

近年来，我国会计行业逐渐形成了一批结构科学、层次分明、规模庞大的会计人才队伍。这些人才在综合素质和业务能力等方面均取得了显著的提升，为会计行业的发展注入了新的活力。值得注意的是，许多互联网会计专业培训机构为高校会计专业的大学生提供了在线免费学习机会。这一举措极大地便利了学生的学习，使他们能够更加高效地掌握会计专业知识，为未来的职业生涯奠定坚实的基础。

（二）有助于实现个性化教学

传统的高校会计专业教学模式以课堂面授为主导，由于参与者众多，教师难以全面关注每位学生的学习状况，所采用的教学手段和形式难以满足学生的个性化需求。然而，随着大数据技术和互联网技术的不断进步，可以深度挖掘、分析和累积信息数据，使会计专业的学习方式和教学过程更加精细化和个性化。在学习过程中，学生的学习水平存在

显著差异,导致学生在学习偏好、对会计专业知识的接受度以及学习方式方法等方面存在明显的不同。因此,采用个性化的教学方法,使课堂教学更具针对性,不仅能够显著提升学生的学习效率,还能够有效减轻学生的学习负担,为他们带来卓越的学习成果。

(三)能够降低会计职称考试的难度

相较于以往的数据处理方式,大数据时代展现出了显著的优势。在数据的收集、分析和处理过程中,只要信息数据量足够丰富,便能够对潜在的发展趋势进行预测。数据量越大,分析结果的精准度和针对性就越高。因此,利用大数据技术可以高效地采集和分析过去的会计职称考试信息数据,从而迅速掌握职称考试的常考点以及高校会计专业学习期间的重点和难点。这样,教师就能更加准确地把握教学重点,有针对性地降低会计职称考试的难度。

三、信息化时代会计教学改革面临的挑战

多年来,我国教育事业在政府和各界的深切关注下实现了办学规模和发展速度的显著增长,展现出前所未有的积极态势。在这一进程中,高等教育机构在培育专业技能人才方面发挥了不可或缺的作用。会计专业作为高等教育体系的重要组成部分,应紧密围绕会计行业的实际需求、就业市场需求以及学生的职业规划进行课程设计,从而不断提升学生的社会融入能力、适应能力以及参与社会活动的能力,确保他们具备扎实的职业技能、高尚的职业道德品质和坚定的职业理想信念。

因此,高校教师在会计教学的实施过程中必须坚守会计教学与会计工作紧密结合的原则。借助我国教育改革不断深化、职业教育规模逐步扩大、社会用人需求持续转变的契机,对传统以教师为中心、教材为核心、学生处于被动地位、过分依赖说教和灌输的会计教学体系进行全面改革。这样的改革不仅要确保会计教学满足学生的就业和职业发展需求,还需采取多元化策略,有效解决影响教学质量提升和教学效果满意度的问题。通过不断改进、优化和创新教学方法和模式,推动会计教学质量实现持续提升。

（一）信息化时代会计教学改革的挑战表现

1. 会计教学知识系统缺乏完善性，学生基础薄弱

在教育教学工作中，高校会计专业教师需深刻理解知识对于教学的重要支撑作用。确保学生掌握扎实的会计基础知识，是他们在解决实际问题时能够灵活运用相关知识的前提。但根据实地调研得知，目前，我国会计专业教师在传授会计知识时，其方式尚显零碎，导致会计基础知识分散、知识体系庞大且复杂，各知识模块之间缺乏有效的联系。

在进行会计教学的过程中，部分教师未能为学生构建一个全面、系统的知识框架，未能提供有效的专业指导，使学生在学习会计知识时难以把握重点，无法设定清晰的学习目标。这不仅降低了学生从教材中提取关键信息的能力，也影响了学生的学习效果，使其与预期目标存在较大差距。这种情况导致学生的基础知识薄弱，严重制约了会计教学质量的全面提升。

2. 学生缺乏主动学习的意识与能力，学习动机不足

在传统的会计教育教学中，教师在向学生传授会计概念、处理方式和流程时常采用直接教学法。这种方式使学生在学习过程中缺乏独立思考和分析的能力，更多地是跟随教师的思路进行知识的接收和记忆。因此，学生在会计教学中往往处于被动地位，不仅限制了他们会计知识的储备和应用能力的提升，而且与新时代所强调的"以学生为主体"原则相悖。这样的教学方式不仅难以激发学生的学习兴趣，还降低了他们参与教学实践活动的积极性。

在会计专业的课堂教学中，教师在讲解时往往会占用大量的课堂时间解释基础知识，导致知识点的讲解深度不足，课堂教学效率难以提高。在这样的教学环境下，学生难以发挥自身的主观能动性，容易对教师讲解产生依赖。当课堂教学结束后，学生无法体验到重新发现知识点的喜悦，逐渐削弱了他们的自我学习能力、问题分析和解决能力，降低了学生的学习自信和学习热情，无法为他们主动学习提供内在动力，影响了会计教学整体质量的提升速度。

3.学生缺少丰富的实践机遇,职业能力提升速度缓慢

实践是提升学生对会计知识理解和应用能力的关键途径,而知识的掌握则是优化实践效果的基础。因此,在会计专业的教学中,实践对学生的学习成果具有深远的影响。会计作为一门实用性较强的专业课程,其知识体系涵盖了学生在未来会计工作中所需的基础理论知识和应用技能。然而,在我国的会计教学实践中,理论教学与实践应用之间存在明显的脱节现象,这在一定程度上限制了学生的实践机会和实践空间。学生大部分会计知识的学习仍然依赖于教师的课堂讲解,而非学生自身的实践体验和总结。如果这种状况长期存在,不仅可能引发学生对自身职业能力的质疑,还可能削弱他们的意志力、进取心和竞争力。因此,教师需要注重实践教学在会计专业教学中的地位,以促进理论与实践的有机结合,从而全面提升学生的学习效果和职业发展能力。

4.课程思政与课堂教学之间无法充分融合

随着我国社会综合发展水平的持续提高,各行各业对于高技能、高技术创新人才的需求日益旺盛,对其要求亦不断攀升。这一趋势迫使高校会计专业教学必须对传统知识传授方式和技能培养模式进行深刻变革。不仅要将知识讲解和技能培训作为提升学生专业能力和职业素养的重要手段,更需以课程思政教育为基石,着力培养学生爱岗敬业、遵纪守法、诚实守信的品德修养。目标是帮助学生建立积极、正确的思想观念,使他们在学习会计知识、掌握会计系统的同时,坚定职业信念,不断提升个人道德素养,为社会的发展贡献自己的力量。[①] 经过深入的实地调研与数据分析,发现部分高校在会计教学与课程思政的融合方面存在明显的不足。许多会计专业教师在实施思政教育时仍主要依赖于传统的说教方式,缺乏对会计教学中所蕴含的课程思维元素的深入挖掘,甚至对某些关键内容视而不见。这种现状导致思政教育内容无法有效地融入会计教学的各个环节,严重影响了会计教学效果的提升,使教育的价值逐渐减弱,难以凸显专业教学的实际成效。[②]

---

① 尚小艺.思政教育融入中职会计专业课程教学探析——以《会计基础》为例[J].财会学习,2022(9):143-145.

② 邓秋婷."翻转课堂"教学模式在中职会计教学中的应用——以"Excel在财务会计中的应用"课程为例[J].科教文汇,2019(19):125-126

（二）大数据时代对会计教学的冲击

1. 大数据对传统会计知识的冲击

传统的会计教学主要聚焦于基础的财务会计和管理会计理论。然而，随着大数据时代的来临，庞大的数据量和复杂的商业环境为会计领域带来了前所未有的要求和挑战。为了更好地从大数据中提炼出有价值的信息和洞见，对统计学、数据挖掘、机器学习等相关领域的知识有着更为深入的理解和应用变得至关重要。因此，为适应并回应大数据对会计知识的深刻影响，传统的会计教学方式亟待调整与优化。

2. 数据分析技能的要求

在大数据时代背景下，会计人员的数据分析技能变得尤为重要。为应对大规模数据集的挑战，会计人员需熟练运用数据可视化工具和统计软件进行分析，进而为决策制定和业务发展提供有力支持。因此，会计教学应将数据分析技能作为教学内容，着重培养学生掌握数据清洗、数据可视化及数据建模等关键技术，确保他们能够有效利用大数据资源，为企业带来有洞察力的业务建议。

3. 技术工具和软件的应用

在大数据时代的浪潮下，诸多高效的技术工具和软件如雨后春笋般涌现，其中包括数据管理系统、数据挖掘工具以及业务智能软件等。这些工具与软件在会计工作中的运用极大地推动了工作效率的提升，同时也为决策过程提供了坚实的支撑。然而，值得关注的是，传统的会计教学方法未能涵盖对这些现代化工具的深入教学，导致学生在步入职场后缺乏应对实际工作的技术能力。因此，高校会计教学模式亟待创新，应积极引入这些技术工具和软件，致力于培养学生的技术素养以及实际操作能力，从而确保他们能够适应并胜任大数据时代的技术挑战与需求。

（三）信息化时代会计教学改革的应对挑战策略

1. 提升教师的整体素质，改善教育理念

为了推动高校会计专业教育的迅速发展，必须勇于自我否定，并积极拥抱变革。若固步自封、思想僵化，则高校会计专业的进步将受到严重阻碍。因此，会计教学的发展必须紧跟时代的步伐，深入了解社会各界的实际需求，通过高效利用大数据技术，实现教育质量的显著提升。同时，高校会计专业教师也需及时转变教学理念，深入钻研大数据技术，培养强烈的数据意识。只有这样，才能有效提升高校会计专业教师的综合素质，使其具备强大的数据分析和应用能力，从而推动高校会计专业的蓬勃发展。

2. 规避大数据存在的风险

大数据技术在当前发展阶段为社会公众带来了极大的便利，然而，在实际应用和管理过程中，该技术亦伴随显著的风险。在大数据技术的运用中，每个个体既是数据的生产者，又是数据的搬运工。不断累积的海量数据能够精确反映个人的生活习性及日常行为。若大数据缺乏足够的安全性保障，将对社会带来严重的危害。鉴于此，政府部门有必要颁布新的法规，以严格规范相关从业者的职业道德，确保大数据技术的健康发展。

第三章　信息化背景下的会计教学改革的目标与方法

　　随着信息技术与教育教学的深度融合,培养创新型会计技能型人才成为会计教育发展的必然趋势。新型人才的培养需要新的教学目标和方法。为了促进学校会计专业与信息技术的融合,本章对会计教学改革的目标与方法进行构建,目的是探究信息化背景下能否有效解决传统会计课堂教学的问题,激发学生的学习兴趣,提升他们的学习效果。

第一节　会计教学的目标结构与改革

　　信息化背景下的会计教学目标包括三个方面:总体目标、具体目标和三维目标。它们之间的关系如图 3-1 所示。

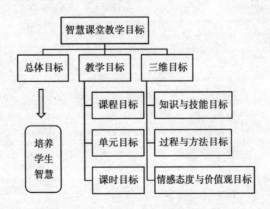

图 3-1　信息化背景下的会计教学目标

一、总体目标分析

信息化背景下的会计教学总体目标是通过超星学习通智慧教学软件,引导学生深入浅出地对模拟会计资料进行综合实训,培养学生财务会计手工操作能力。通过智慧学习,培养学生自主学习和创新思维能力,从而成为具有智慧型的会计技能人才。

二、具体目标分析

教学目标指导教学环节的设计与开展,教学活动的设计、教学工作的评价都必须紧扣教学目标,会计教学目标主要由三个层次构成,如图3-2所示。

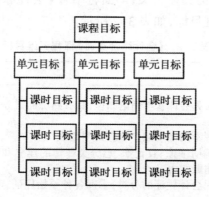

图3-2 信息化背景下的会计教学目标层级

会计课程目标是通过教学活动使学生在课程教学结束时,具有基本的会计职业意识和职业素养,能够独立完成建账、记账、编制财务报表、进行财务分析等工作任务。

三、三维目标分析

三维目标即三位一体的教学目标,包括知识与技能、过程与方法、情感态度与价值观,具体如表3-1所示。教师应利用信息化教学的优势,根据学习目标和需求精心进行教学设计,将三维目标体现其中,使其得以实现。三维的课程目标是一个整体,三个维度相互联系、融为一体。在会计教学中,无论是学生还是教师都离不开三维目标的学习和指导。

表 3-1　三维目标具体含义

三维目标	具体含义
知识与技能	陈述性知识、程序性知识
	信息收集处理运用能力、创新能力、实践能力、终身学习能力
过程与方法	教与学过程的体验
	自主学习、探究学习、合作学习
	个人价值与社会价值、科学价值与人文价值
情感态度与价值观	学习兴趣、学习态度、生活态度、科学态度
	个人价值与社会价值、科学价值与人文价值

根据三维目标的具体含义,下面将结合《会计综合实训》课程的实际,确定课程的三维目标,如表 3-2 所示。

表 3-2　《会计综合实训》课程三维目标

三维目标	内容
知识与技能目标	掌握财务会计基本理论知识,具有熟练的财务会计实操能力
过程与方法目标	1. 掌握不同性质账户对应的明细账 2. 明确明细账、日记账、总分类账簿的建立和期初过账,培养学生手工建账能力 3. 掌握会计凭证的分类,掌握各种原始凭证、记账凭证的填制方法和要求 4. 掌握总账、日记账、明细账的记账方法及错账的更正方法 5. 熟悉各种经济业务的会计处理方法,学会编制"T"型账和科目汇总表 6. 掌握各种性质账户的结账方法和对账方法 7. 能够编制资产负债表、利润表和现金流量表 8. 学会装订会计资料
情感态度与价值观目标	1. 培养学生诚实守信、爱岗敬业、不做假账的优良职业素质,引导学生提前进入职业角色,实现从学校到工作岗位的无缝对接 2. 引导学生养成自觉学习财经法规、严格遵守财经法规的行业意识,为顺利走上会计工作岗位打下良好的基础 3. 引导学生深刻认识财会工作的严谨性和规范性,树立正确的从业理念

第二节　信息化背景下会计教学方法改革

一、案例教学法

（一）案例教学法的含义

案例教学法最早由哈佛法学院的前院长克里斯托弗·哥伦布·朗代尔（C. C. Langdell）提出，后在哈佛企管部研究所的所长郑汉姆（W. B. Donham）推广下得到了哲学界、教育学界、法学界等的认可。[①] 案例教学法的教学思想在我国源远流长，我国著名教育家孔子就通过案例向他的学生说明一些道理，如今在课堂上讲解比较抽象的知识，教师也会采取案例的形式化抽象为形象。

通过在知网上查阅文献，对案例教学法概念、意义、案例设计与实施都有一定的说明，但是在课堂上教师通过一个生动且贴近生活的案例来贯彻本节课重点知识的案例教学法在我国研究较少。案例与例子不同，例子一般是一个小事件，教师在课堂上通过口头表达举例起说明作用。案例的内涵更加丰富，有多种理解的可能性，教师可通过一个案例说明其中的原理和蕴含的价值。案例可以通过文本或视频呈现，一般容量较大。在教育教学中，案例是一种与教学内容相匹配的教学资源，而例子只能起到解释性作用。教师是整个过程的组织者、引导者，学生是整个教学过程积极的参与者和讨论者。

案例教学以其真实、生动的特点，使学生能够直观理解教学内容。学生身临其境，通过独立思考和小组合作，不仅能够培养解决问题的能力，还能在实践中深化对理论知识的理解和应用。案例教学的结果具有一定的开放性，教师更加注重过程性评价，这种教学方式促进了师生的

---

① 金静,丁和平,孙明.案例教学法在高校基础会计教学中的应用 [J].吉林农业科技学院学报,2019,28（04）:108-111+124.

互动与成长，进一步提升了学生分析、解决问题的能力。案例教学以直观的方式将专业知识与理论联系起来，使学生在案例学习中检验并应用理论知识，体现了教育教学思想的创新。根据教育局发布的《关于加强专业学位研究生案例教学和联合培养基地建设的意见》，案例教学被定义为一种以学生为中心、以案例为基础的教学方式。它通过呈现真实的案例情境，将理论与实践紧密结合，引导学生发现问题、分析问题、解决问题，进而掌握理论知识，形成独立的观点，提高各项能力。[①]

案例教学法是一种教学方略，其特点在于利用真实案例使学生得以身临其境地学习。每个案例在不同课堂和不同学生之间理解各异，这种不确定性正是案例教学法的隐性价值所在。鉴于案例教学法的独特性，笔者主张在信息化环境下将其应用于会计教学中。教师通过呈现案例并提出问题，引导处于模拟教学环境中的学生进行深入思考。例如，通过小视频形式展示具体事件，以讲解相关知识点。在讲解知识点后，指导学生运用所学知识搜索案例，并与小组成员展开讨论。在信息化社会中，依托网络教学平台和教学工具，可最大化发挥资源优势。为此，建议采用线上与线下相结合的混合式教学和翻转课堂模式。课前，布置简要作业和提供知识点讲解视频；课中，深化问题讨论；课后，布置开放性作业，以进一步拓展知识。

（二）案例教学法的特点

1. 学习的交互性

人的活动具有社会性，教育教学中如果教师只是单边传授固定知识，学生只是对教师教学内容不作加工地记忆，那么不带理解的学习是无效的。案例教学是以案例为载体，让学生进行交互性的学习。学习的交互性体现在师生的交流、学生小组与小组之间的交流，教师介绍案例背景，学生了解并以小组的形式对案例进行讨论，最后由学生代表总结复盘，每个环节都体现了交互性学习。

---

① 赵妍蕾. 案例教学法在高职《基础会计》课程教学中的应用研究 [J]. 财会学习，2017（01）：206.

2. 学习的情境性

案例教学课程涉及双重情境。首先,案例本身自带的情境是其内在属性。其次,教师人为构建的情境则是一种教学策略。[①] 在引入案例之前,教师应进行气氛的渲染。例如,在带领学生探讨某公司案例前,可向学生询问关于职业规划的问题。当模拟公司运营时,亦可探讨资金需求和来源,甚至抛出相关问题引导学生查阅资料进行深度思考。这些预备步骤有助于学生更好地理解和融入案例情境。在强烈的求知欲驱动下,学生会更加积极地参与案例讨论,表达观点,并从中获得宝贵的启示。

3. 学生主体性

在教学过程中,教师应发挥引导作用,确保教学流程的顺畅进行。同时,教师应顺着学生的交流方向,进行实践层面的引导,以体现学生的主体性。[②] 当学生在课堂上产生观点冲突时,教师应扮演协调者的角色,鼓励学生积极表达,支持他们提出具有创新性的观点。此外,课堂上的案例学习不仅局限于课堂内,更应延伸至课外实践中,以便学生能够在实际操作中验证和深化案例教学中所获得的理论和实践知识。在学生的学习活动中,交互学习至关重要,包括合作学习和自主学习两种方式。交往性的学习方式具有明显的优势,通过交往,学生能够获得隐性知识,提升处理问题的能力。

(三)信息化背景下案例教学法在会计教学中的优化与应用

由于会计课程运用传统案例教学法不能满足新时代对会计专业人才的需求,因此,基于智能会计软件对传统案例教学法进行优化,充分利用课前课后环节,在课中环节融入任务驱动教学法、项目教学法以及角色扮演法等,创设企业财务部门的工作环境,让学生身临其境体验企业的财会岗位,以有效地培养适应智能财务时代的会计专业人才,让会

[①]　韩冰.案例教学法在高职《基础会计》课程教学中的应用[J].赤峰学院学报(自然科学版),2016,32(10):267-268.

[②]　杜慧霞.浅探案例教学法在基础会计教学中的应用[J].中国乡镇企业会计,2015(09):254-255.

计专业学生在基于智能财务优化的会计案例教学中掌握智能财务时代会计的技能,进一步实现学校与企业智能财务的无缝衔接。

1. 案例教学法的优化意图

通过对会计课程的教学现状进行分析可以发现,案例教学法在会计专业的课堂上已经有所应用,为了更好地将案例教学法应用于会计课程中,实现效果最大化,非常有必要对案例教学法的实施策略进行优化设计。案例教学法的优化意图主要包括以下方面:

第一,优化案例教学法旨在培养适应智能财务时代的会计专业人才,实现学校与企业智能财务的无缝对接。在智能财务时代,众多企业已摒弃传统手工账,普遍采用智能会计软件处理经济业务。会计信息化课程则着重培养学生运用智能会计软件应用会计原理的能力。为营造企业财务部门实际工作环境,培养适应智能财务时代的专业人才,需让学生身临其境地参与学习。传统案例教学法难以达成此目标。因此,优化案例教学法,可在课堂上模拟企业财务部门工作环境,让学生深入体验,从而培育出满足智能财务需求的会计专业人才。

第二,案例教学法之优化,旨在深入挖掘传统方式中未被充分利用的课前与课后阶段,以提升学生的参与热情与专业会计能力。众多学生反映传统案例教学法未能有效激发其学习动力、提升会计技能,且未充分利用课前准备环节,同时对学习环境亦有所不满。鉴于此,为妥善解决上述问题,并提升学生的学习热情与专业会计能力,应对案例教学法进行优化。此举不仅能有效增强学生参与课堂教学的积极性,提升其会计技能,更能充分利用传统方式中被忽视的课前与课后阶段,对传统课堂教学进行有益补充,进而培养学生的自主复习与预习习惯。

第三,为了改进案例教学法的缺陷,必须对其进行优化。传统案例教学法主要聚焦于课堂教学,但课前和课后环节同样是教学过程中的重要组成部分。在实际应用中,当学生遇到尚未学习的会计问题时,教师常常直接给出答案或财务报表数据的计算公式,这不利于学生独立思考和自主学习能力的发展。因此,为了平衡课内外教学,需要对传统案例教学法进行优化。具体来说,应充分利用课前和课后的时间,以减轻课堂教学的压力。例如,在课前阶段,可以利用信息化手段,如雨课堂、学习通等教学平台,发布与当前课程内容相关但学生尚未掌握的会计科目的应用或财务报表会计科目数据填写要求的教学资源,以便学生提前预习并掌握相关知识。对于学生已经掌握的内容,可以要求他们进行自主复习或预习。对于学生在课堂上掌握不好的内容,可以安排他们在课后进行复习和巩固。通过这样的优化措施,可以更好地培养学生的自主学习能力和独立思考能力,从而提高案例教学法的教学效果。

2.案例教学法的优化策略

（1）丰富教学案例的载体

在传统案例教学法中,案例的呈现形式较为单一,缺乏对案例载体多样性的充分考虑。然而,在基于智能财务优化的案例教学法中,可以对案例的呈现方式进行创新。在课前阶段,提供文字形式的案例材料,供学生编制相关会计分录,以锻炼其会计分录编制能力。在课中阶段,利用PPT课件的形式,将案例材料以更加形象生动的方式呈现给学生,使学生仿佛置身于企业财务部门中。通过这种方式,学生能够深入地理解财务部门会计人员的日常工作,并在智能会计软件上进行实际操作,从而提升其实际应用能力。

（2）重视案例教学法与其他教学方法的融合

在智能财务优化的背景下,案例教学法被赋予了新的内涵。它强调案例教学法与其他教学方法的有机结合,形成一套完整、高效的教学模式。在课堂设计中,会计教师可以灵活运用项目教学法、任务驱动法以及角色扮演法等多种教学方法,以提升学生的参与度和实践能力。具体来说,会计教师可以将传统的案例材料转化为具体的项目或任务,让学生在模拟的企业财务部门环境中,通过实际操作智能会计软件,掌握相关的会计专业技能。这种教学模式不仅有助于提高学生的会计实务能力,还能培养他们的团队协作和问题解决能力,为未来的职业生涯奠定坚实的基础。

（3）充分利用课前与课后阶段

在传统案例教学法中,课前的准备主要由教师负责,而课后的学习则主要由学生独立进行。然而,这种方式忽略了学生在课前的参与以及教师在课后的指导作用。为了弥补这些不足,在基于智能财务优化的会计案例教学中,强调课前和课后阶段中教师和学生的重要性。

为了减轻课堂教学的时间压力,会计教师在课前阶段引入学生活动,通过微课、导学材料等方式提供与会计课堂内容相关的预习资料。

这有助于学生养成课前预习的良好习惯,并为课堂讨论做好充分准备。

在课后阶段,会计教师设计延伸环节,针对学生在课中尚未完全掌握的知识点,教师提供比课前更为详细的学习资料。为了激发学生的学习兴趣,会计教师还可以选择学生喜欢的形式进行资料呈现,如提供在其他专业课程教材中的索引,以培养学生的知识串联能力。

通过课前和课后阶段的优化和改进,可以提高会计案例教学的效果,同时培养学生的自主学习能力和知识综合运用能力。

3.案例教学法的优化设计原则

为了有效实施基于智能财务优化的案例教学法,会计教师需深入调研当前企业实际情况,精心制定具有针对性的教学计划,并为学生提供充足的学习资源。同时,会计教师还应引导学生提前预习相关经济业务的会计处理知识,为案例教学做好充分准备。在授课过程中,会计教师应遵循以下主要原则,以确保案例教学法在智能财务背景下的优化与实施。

(1)恰当性原则

案例教学法的精髓在于教师所使用的案例,其恰当与否直接关系到案例教学法的实施效果。因此,教师在选择案例时必须确保其既符合教学内容,又适合学生的吸收能力。同时,教师应深入了解并掌握会计事务专业的未来发展动态,以确保有针对性地选择恰当案例。关于案例选择的具体要点如下:

首先,所选案例需与企业实际发生的经济业务相契合。鉴于会计课程的实用性和实践性,案例的选择应能在学生的理解和接受程度上产生显著影响。在企业实际工作中,财务人员处理的是原始凭证,并需在智能财务软件上进行会计处理。因此,教师在编写案例时需要结合文字来描述经济业务和原始凭证。

其次,案例的代表性至关重要。企业规模和会计准则的不同会对经济业务的会计处理提出不同要求。因此,教师在选择案例时需合理设计企业经济业务,并根据课程内容和学生实际选择经典且具有代表性的经济业务进行案例设计。这样,学生在学习后不仅能够记忆深刻,还能举一反三,从而满足就业需求并提升自身的就业能力。

（2）互动性原则

案例教学法中至关重要的一环在于学生对案例进行深入讨论与分析。教师在进行教学规划时必须精心策划如何引导学生积极参与案例讨论，鼓励他们在课堂上毫无畏惧地阐述个人观点，主动与小组成员及教师进行互动交流。同时，教师应激励学生以他们偏好的方式展现自我，以此提升课堂教学的质量与效果。

（3）多样性原则

在案例材料呈现、教学方法选择以及教学资源形式上，应体现多样化的特点。在实施基于智能财务优化的案例教学法时，教学方法的选用应具有灵活性，以适应不同的教学场景。教师可根据实际情况，将案例教学法与项目教学法、任务驱动法等多种教学方法相结合。同时，学习资源的形式也应多样化，以满足不同学生的需求。例如，在课前阶段，对于学生在会计课程中尚未接触的经济业务会计处理，可采用微课、导学材料等形式进行预习；课中阶段，鼓励学生以多种形式分享个人感想，由学生主导总结环节；课后阶段，作业形式可以多样化，如提问、撰写心得等。每种教学方法都有其优势与局限性，因此，为达到最佳教学效果，教师应根据具体教学情境，综合运用各种教学方法展开教学。

4. 案例教学法的优化设计框架

案例教学法在会计教学中的传统应用，主要局限于课堂内的师生互动。其流程分为七步：准备案例、案例介绍、收集案例信息、做出决策、与实践对比、复习巩固。其中，教师需准备相关会计案例材料并选择合适的呈现方式；学生则依据案例要求搜集信息并完成任务；教师引导学生剖析案例并对比实践操作。然而，此法未充分考虑课前与课后环节，而在现实中，教师教学任务繁重，课堂时间有限，难以深入讲解学生在其他课程中未学的知识。因此，为更好地在信息化背景下的会计课程中实施案例教学法，这里提出在课前和课后增加师生互动环节，对案例教学法的实施流程进行优化设计。优化后的案例教学法，即基于智能财务优化的案例教学法旨在提高教学效果，增强学生的会计实践能力。

（1）课前设计

课前设计部分主要包含两项活动：预备活动和教学目标制定。预备活动具体涵盖以下三个方面：首先，教师需结合企业日常发生的经济业务,精心策划并准备相关案例。其次,针对学生在会计课堂上尚未涉猎的知识内容,通过在线教学平台发布相应的教学资料,以引导学生进行自主学习。最后,针对学生在会计课堂上已学知识,编制详尽的索引,以便学生能够自主进行复习巩固。在课前准备阶段,需明确设定具体、可量化、可实现且与学生紧密相关的教学目标。

（2）课中设计

课中设计涵盖了案例的引介与分析、在智能会计软件中的实操应用、案例探讨、成果演示以及案例的总结与评价等多个阶段。在案例引介阶段,教师将进行课堂导入,并向学生明确需提交的成果要求。案例分析阶段则要求学生深入研究案例材料中的经济业务,准确判断经济业务的类别及所需的会计科目。在智能会计软件操作环节,学生需根据经济业务的性质在软件中进行相应操作。案例讨论环节鼓励学生就教师提出的与案例相关的问题进行深入探讨,以寻求最佳解决方案。成果演示阶段,学生需向其他小组展示本组的操作步骤,学习其他小组的快捷方法,并分享小组讨论的成果。在案例总结与评价阶段,教师根据学生的操作演示进行评价,指出学生普遍存在的知识盲点,并梳理工作流程。

（3）课后设计

课后设计部分,作为知识巩固与拓展的重要环节,旨在为学生提供更为深入和广泛的学习机会。此环节的核心目标在于有效补充课堂教学内容,确保学生能够全面理解和掌握所学知识,从而为提升整体教学效果奠定坚实基础。为实现这一目标,提出以下两种延伸方法。

首先,教师需对课前及课中学生的学习情况进行细致总结,针对学生尚未掌握的知识点,提供详尽的学习资料和微课视频,以便他们在课后进行自主学习,从而培养其独立解决问题的能力。其次,设计对应的模块操作作业,使学生在实践中运用所学知识,进而提升其知识迁移能力。

通过以上两种方法的实施,有助于学生在课后设计部分中进一步深化对课堂知识的理解与掌握,培养其自主学习和知识迁移能力,为未来的学习与发展奠定坚实基础。

（四）信息化背景下案例教学法在会计教学中的实施策略

1.课前准备

为了确保智能财务优化的案例教学法能够达到最佳效果,充分的课前准备至关重要。

首先,教师应针对会计专业学生的主要就业领域,精心挑选企业案例,确保案例中的会计处理与会计基础、实务要求相契合。

其次,选定案例后,教师应深入分析,识别案例中涉及而学生尚未接触的经济业务,并准备相应的学习资源和知识链接,以便学生回顾和预习。因为学生在信息化时代的会计课程中需掌握智能会计软件操作,而对其未接触的经济业务理解不足。此外,优化后的案例教学法同样注重通过案例培养学生的发现问题、分析问题和解决问题能力,教师应预设学生在使用智能会计软件时可能遭遇的问题。

最后,通过教学平台发布案例学习任务书,引导学生课前复习和预习相关知识。

2.呈现案例

在会计学科领域,案例的展示方法主要包括文字表述与原始凭证展示这两种方式。若案例素材主要涉及经济交易活动,可辅以相关的原始凭证作为补充资料。在选择案例的展示形式时,应遵循信息化环境下的会计教学标准。鉴于信息化环境下的会计教学内容主要是运用智能会计软件(如用友 T3 财务软件)进行总账与报表处理系统、工资管理系统以及固定资产管理系统上的操作实践,为了使学生能够提前复习或预习案例素材中的济交易活动的会计分录,教师可以在课前展示案例素材,并在成果展示环节针对学生普遍存在的疑惑进行详尽的阐释。

3.分析案例与讨论案例

在案例分析法中,至关重要的一环便是对案例问题的剖析。此环节对于教学效果以及学生分析问题能力的培养具有决定性意义。在分析案例时,教师应引导学生依托案例材料所展示的经济业务进行深入探讨,判断业务的性质及其所关联的会计科目,进而选用相应的专用记账凭证。在案例讨论过程中,教师须扮演三重角色:课堂的组织者、知识的引导者以及教学过程的推动者。学生需积极参与讨论,在相互尊重、平等以及轻松愉悦的氛围中进行开放式的案例分析与探究。

4.总结案例

案例讨论总结对于理论知识和实践操作的整合至关重要。它不仅有助于系统地回顾和整理所学内容,还能够对讨论的核心问题、各模块的工作流程以及高效的操作方法进行全面的归纳和提炼。案例教学法的独特之处在于其开放式的讨论机制,这使最终的优化方案往往源自师生间的深入交流、研讨和共同分析。通过教师的总结性阐述,学生能够更加透彻地理解智能会计软件的理论框架、操作流程以及各个组成部分的工作机制,从而为日后的实际应用奠定坚实基础。

二、体验式教学法

（一）体验式教学法的概念

对于体验式教学法概念的界定,不同的研究者从不同的角度出发,得出的结论也不同,但是这些结论中也存在共同之处。体验式教学法就是要关注学生行动的体验性,引导学生去思考与学习,参与、指导学习过程。强化学生的学习过程,关注学生的学习过程,依据全班大多数或个别学生比如学困生、优秀生的信息反馈,改进教学过程,指导学习过程,为特殊学生开小灶。

关注过程,自我反思。关注过程意味着关注形成性评价。对学生学习的过程进行测量与评价不是简单地记录下学生的学习痕迹,更重要的是学生是怎么学的,在学习的过程中教师是如何指导的。将学生的发展和学习过程结合在一起。学生自主探究,教师介入其中,借助体验式教学过程,分析学生的学习过程,将教学过程中教师的教、学生的学有机结合起来。学生在课程的参与和体验过程中,解决真实情境中的问题,从而保证学生在走向工作岗位后能够很快入手,并有条不紊地开展工作。

　　总之,体验式教学法是以学生行动为中心的一种教学方法。在体验式教学法中,教师和学生进行互动、交往,在这样的学习过程中,教师和学生的情感体验都能得到升华。在体验式教学法中,教师在课堂上通过模拟和创造情景,再现或还原教学内容,吸引学生自主地参与学习,将课本上的理论知识应用在实际生活的例子中,学生更容易理解课堂教学内容。体验式教学法不同于情境教学法强调学生的态度体验,它更强调学生的行动体验。

（二）体验式教学法的优势

1.与传统教学法相比较

　　实践是检验真理的唯一标准。作为会计专业的教师本身不仅要有丰富的理论知识,最重要的是要去实践。当代教师应该将其学习到的有关知识运用到平时的教育教学活动中去,只有这样,才能使教出来的学生顺利适应新的社会工作环境,使学生掌握由原来的获得知识到后来的获得智慧的能力。

　　传统的教学方法是教师单方面地讲解,向学生传递课本知识,学生可能会产生厌倦的心理,被动地接受知识,是单纯的教师的"教"和学生的"学"（图3-3）。学习环境一般就是在教室里,比较封闭和枯燥。因此,要大量开展教育教学的活动,努力创造教育教学模拟情景,将理论知识运用到模拟情景中去,让学生更好地为自己以后的工作作准备。

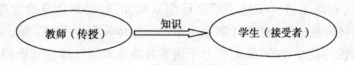

图3-3　传统教学法

　　通过有效的课堂引导,可以激励学生的学习积极性,帮助他们步入一个高效的学习阶段,并且能够自然而然地接受新的教学内容。在信息化背景下的会计课堂教学中,教师可以设置生动有趣且更贴近于日常生活的课前导入,让学生能够积极主动地投入学习中去。

　　在信息化背景下的会计教学中,教师可以根据学生的需求和自身的认知规律,采用多种网络教学方式,以更有效的传授知识,并以创新的视角和方法来提高学习效果。例如,在"库存盘点"这一节的教学中,教师可以利用课堂里的物品,如课桌、凳子、卫生器具等,结合"库存盘点"这一教学主题,精心设计相关流程和单据,运用信息化的表格和视图展示学习成果,让学生更加深入地理解资产的变化,并在月末组织学生进行一个小组资产盘点,以此来实践会计知识,提升学生的财务管理能力,从而更好地学习理财专业知识,提高学生的理财能力。因地制宜为学生提供了一个与日常生活息息相关的教学环境,让学生在寝室、食堂等场所都能够进行财产清算,从而大大提高学习效率。这样一来,学生对会计知识有更深层次的了解,学习效率才会提高。

2. 与分组讨论法相比较

分组讨论教学法在20世纪60年代引入我国。分组讨论教学法是一种有效的学习方式,它将每个学生分为若干个小队,让每个小队成员就教师提出的问题进行交流和探讨,最终形成大家一致认可的正确答案,并在全班范围内进行公开分享。小组合作交流不仅可以让学生积极地投入学习中,而且还可以培养学生相互合作的能力。但是小组合作交流在课堂实际应用中出现了很多弊端,如由于每个学生基础有差异,在讨论过程中发言多少和发言时间不等;小组讨论过程中,课堂纪律差、课堂秩序混乱;一些学生没做题就盲目地加入讨论,不会甚至发表无用的见解。

采用体验式教学法,学生可以在各种模拟环境中体验会计工作,深入了解会计师行业的实际情况,并亲身参与系统分析,将学习与实际紧密联系,有助于进一步地了解会计学基础知识,提升自身的专业能力。通过这些方法,学生对会计职业有了不同的体验和更深的了解。根据国家和学校的教学定位,我们致力于培养具备良好会计理论知识和实践技能的专业人才,以满足我国企业和事业单位的需求。

(三)体验式教学法的实施流程

通过体验式教学法,学生可以创造有趣的情境,激发学习兴趣,自主阅读,合作探究,感受体验,并进行实践创新,从而提高学习能力。具体实施流程如图3-4所示。

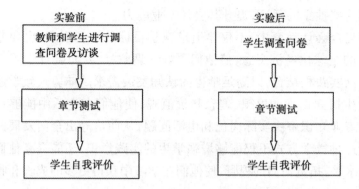

图 3-4　体验式教学法的实施流程图

（四）信息化背景下体验式教学在会计教学中的应用意义

1. 有利于学生成绩的大幅度提升

相较于传统的教学方法，体验式教学法强调以学生为中心，注重学生的自主学习过程。在体验式教学中，教师不再是单纯的知识传授者，而是情境的创造者和引导者。通过模拟和创造实际情境，教师引导学生将理论知识应用于实践，使学生在实际操作中深化理解，提升能力。同时，体验式教学注重师生间的平等交流和互动，让学生在轻松的氛围中获取知识，启迪智慧。

体验式教学法的目的在于培养学生的自主学习能力和团队合作精神，以适应现代社会发展的需求。在这种教学模式下，教学环境通常更加灵活开放，学生更容易融入学习情境，接受和掌握理论知识。因此，体验式教学法在会计课程教学中具有广泛的应用前景。

2. 有利于增强学生的实践意识

体验式教学法是落实会计课程实践性的重要手段，对于提升学生的会计专业能力具有显著作用。学生唯有通过亲身实践，方能真正掌握会计课程的核心要义。会计专业的部分理论知识较为深奥，而学生的理解能力相对有限，单纯依赖教师的讲解和灌输式教学，难以使学生深入理解和掌握。因此，教师需要将这些理论知识融入日常生活，或模拟、创造实际情境，引导学生深入其中，通过师生的感悟交流，使学生轻松理解和掌握这些抽象的理论,提升其会计专业能力。

在当今会计教育中,不仅要追求教学目标的顺利实现,更要着重培养学生的全球化经济观念,使他们更好地理解社会,将会计学习内容与实际生活实践相结合,以满足学生的认知发展需求。体验式教学法可以引导学生树立正确的思想、理念和价值观,使他们在生活中能够灵活运用会计专业知识解决实际岗位和生活问题,从而培养出全面发展的优秀人才。这种教学方式不仅能够增强学生的实践意识,还能提高他们的整体知识水平,拓宽他们的视野,使他们在学习中获得更多的成长和收获。

(五)信息化背景下体验式教学法在会计教学中的应用策略

1.加强基础会计教学的师资建设

(1)提高教师对体验式教学法的了解

目前,众多学校的会计教师对体验式教学法的认知尚显不足,或仅停留在表面。鉴于此,学校应创造更多学习机会,加深教师对体验式教学法的理解。学校可利用早晚自习、课外活动等时段,为教师定期举办体验式教学法的专题研讨会。在研讨过程中,鼓励教师互动交流,共同学习。通过系统的学习和研讨,教师可以将体验式教学法有效融入信息化环境下的会计课堂,从而提升学生的学习成效。

(2)创造教师专业实践条件

当前,不少会计教师在教学能力和综合实践方面存在不足,这已成为制约学生正常发展的重要因素。因此,学校亟需加强优秀教师队伍的建设,提升会计教师的专业技能和实践能力,并持续更新教育理念。会计教师应与学生建立紧密的联系,深入了解他们的心理和学习状态。会计教师素质的提升对于推动校企合作具有显著效果。秉承"教书育人先律己"的原则,会计教师应严格要求自己,坚守一线工作岗位,积极推动教学工作和教学模式的创新与改革。在信息化背景下的会计课堂教学中,会计教师应及时提升自身的综合教学质量和教学能力,并根据学生的实际学习需求灵活调整教学方案。

(3)加强双师型教师的培养

当前,我国的高等教育机构应着重关注全体教师管理专业技能及教学管理人才队伍的专业文化素质的培养。因此,应努力提高每一位会计教师的专业教学管理职业道德品质,提升其教学文化素养,并增强他们的教学专业综合管理能力。同时,还需不断更新会计教师的专业教学管理文化观念,确保他们能够适应教育的新发展。

教师与学生的联系至关重要,他们需要时刻关注学生的心理状态和学习进展。会计教师综合素质的提升对推动教育与企业合作的发展具有显著的作用。教师应不断提升自我要求,自觉站在教育一线,推动学校的教学和教学模式的创新与改革。在日常教学中,会计教师应积极提升自身的综合教学技能和教学能力,因材施教,为不同学生提供符合其实际学习需求的教学方案。双师型教师恰好符合这些要求,因此,学校应加强对双师型教师的培养,强化他们的团队合作精神,为学校的师资人才储备提供有力支持。

2. 完善课程教材,落实体验流程

在信息化时代背景下,会计教学的改进刻不容缓。为实现这一目标,必须对现有会计课堂教材进行全面优化,并强化实际训练过程中的流程管理。教材与流程的紧密结合将极大地提升实训效果。同时,院校所设计的实训课程必须紧跟时代步伐,确保与实际需求紧密相连,不偏离会计学科的本质意义。在修订课程实训教材时,应坚持以学生需求为导向,结合现行会计法规,不断更新课程内容,以满足学生的学习需求。此外,还需根据学生的未来发展方向,适时调整课程内容,以提升学生的学习成效。

除学校层面的改进外,教育部门亦应加强对实训课程的重视,提升其在会计教学中的比重,确保学生具备扎实的实际操作能力。在教学过程中,会计教师应细化教学内容,将书本知识逐一罗列,使学生对这些内容有充分的理解,并鼓励他们发表个人见解。当学生对这些知识有更深入的了解后,会计教师应及时给予引导和鼓励。最终,将理论知识转化为实践操作,同时注重适应环境和时代的发展需求。

3. 完善校企合作机制

虽然校企合作尚处初期阶段,但建立长期稳定的合作关系以提高企业对学校的支持已成为当前的重要任务。然而,在实际合作过程中,高校与企业之间因理念差异而面临诸多挑战。学校坚持以学生为中心的教育理念,而企业则以追求利益为主要目标,这种理念上的差异导致了双方之间的合作难以顺利进行。为了弥补这种差异,应推动校企合作的进一步发展,学校和企业应以学生为纽带,加强实训力度,让学生更早地接触并了解企业的运作方式。这种合作方式不仅有利于学校培养更适应市场需求的人才,同时也为企业提供了更广阔的发展空间。

为了实现这一目标,政府和学校应共同努力。政府可以通过出台相关政策,引导和支持企业与学校之间的合作,提供资金补贴和税收优惠等措施。学校则可以在教学过程中融入更多的实践环节,提高学生的实际操作能力。此外,针对当前教育工作中存在的问题,如教育质量下降、与市场需求脱节等,学校也应加强自我反思和改革。通过与企业合作,学校可以更加准确地把握市场需求和人才培养方向,提高教育质量和效果。同时,学校还可以通过与企业的合作,为学生提供更多的实践机会和职业发展指导,帮助学生更好地适应未来的职场环境。

4. 完善会计考核评价制度

在学校的教育工作中,考核机制占据着举足轻重的地位。然而,长期以来,众多学校的考核评价制度仍显滞后,未能实现实质性的改革。考核机制不仅适用于文化课教学,同样在会计实训过程中发挥着关键作用。目前,大多数学校依然沿用着传统的考核机制,这些机制已逐渐与时代脱节,失去了原有的意义。因此,建立新型的考核机制已成为当务之急。

新的考核评价内容需从多方面进行综合考量。学生在课堂上的表现、行为举止的端正性、随机应变的能力以及处理问题的恰当性等方面,均应纳入考核范畴。这些标准有助于学生正确认识自身的优点与不足,起到查漏补缺的作用。同时,对于教师的考核也需制定全面的标准,可由学生参与制定,以强化教师的实践能力和专业教学工作。通过这样的考核机制,旨在实现教师与学生的共同进步与发展。

三、情境教学法

(一)情境教学法的概念

情境教学法是指在教学中,让学生处于教师创设的各种情境中,通过自主思考和实践探求新知,使学生获得与传统的填鸭式教学不同的新颖体验,从而在课堂中真正做到学有所得、学有所用。情境教学可以让学生感受到真实的情境,给予学生更加丰富的情感体验,不断激发学生的想象力,提升自我思考的能力。[①]因此,本书将情境教学的概念界定为:情境教学是一种教学方法,指教师在课堂教学中有计划、有目的地创设生动形象的情境,教会学生体验情感,在体验中思考,获得知识。[②]

情境教学可以为学生创设真实的工作环境,让学生对未接触过的现实场景增强代入感,从而更好地理解书本中的理论知识,使其与工作所需的实操技能融会贯通。教师应充分发挥其引导者的角色,启发学生探究思考,培养学生的自主思考意识以及创造性思维,使学生在课程学习中能进一步加深对理论知识的理解和实操技能的掌握。同时,通过不同的情境素材也有利于提升学生的思想道德品质,培养学生未来的职业道德。

(二)创设情境的途径

1. 生活带入情境

将教材中的知识点与生活实际相结合,站在学生的角度,将学生带入情境。教师应发挥引导者角色,通过生动形象的语言描述,使学生更有代入感,更好地体会生活情境。

2. 实物演示情境

将课本中一些学生感兴趣但日常生活中难以接触到的东西,在课堂中进行实物展示,以演示特定情境。激起学生的学习兴趣,使学生能够产生联想,发散思维。

3. 图画表现情境

用图片将课本中的知识形象化,如课本插图、教师在黑板上画的简笔画等都可以作为表现情境的方式。将枯燥的文字形象化、具体化,有

---

① （法）卢梭.爱弥儿[M].武汉:武汉大学出版社,2014.
② 陈琪.情境:开启高效语文课堂[J].名师在线,2019(03):77-78.

助于使学生在学习过程中留下深刻的印象。

4. 角色扮演情境

在实操的课程学习中,教师引导学生分角色表演,学生自主实践,可以在角色演绎中得到知识,获取经验。如此一来,学生对这一章节必然留下深刻印象,自然也丰富了其内心体验。

5. 音乐渲染情境

音乐特有的旋律以及节奏能在听者心里树立特殊的形象,使其进入特有的情境中去。基于教材中的内容,表现形式可分为教师自主弹奏、教师带领学生哼唱或教师播放音乐,其关键在于教师所选取的音乐应符合教材的基调,并与课堂所营造的情境相互协调。

(三)信息化背景下情境教学法在会计教学中的应用意义

1. 国家对职业教育的重视,会计专业发展的需要

随着我国市场经济的快速发展以及改革的不断深化,技能型人才的需求越来越大,为了适应社会需求,向社会输送人才的责任越来越大。这对学校会计专业的教学质量提出了更高的要求,进行教学改革必不可少,培养适合我国经济发展需求的会计人才已成为每一位会计专业教师的重要责任。传统会计教学方法带来的结果是学生理论知识掌握一般,实践能力较弱,这种教学方法培养出来的学生已经满足不了现代社会企业的需求,进入企业还需要花时间与精力去学习如何完成工作,在学校学的东西大多派不上用场。传统教学课堂枯燥无味,教师无法在会计课堂中调动学生兴趣,导致课堂教学效果较差,因此学校会计专业教师必须改变教学方法,找到适合会计专业学生的教学方法,提升教学效果。

2. 创设生活化情境,理论联系实际

对于会计这门课程而言,一年级的专业知识积累对于后续的学习十分重要。传统教学方法无聊枯燥,学生课堂参与性较低,代入感不强,学习动力不足,这些都不利于他们对知识的理解和掌握。若学生只知道理论知识,却不知道如何去实践,教师的教学没有与企业岗位要求相衔接,那么学生进入企业中工作就较为吃力。对此,会计专业教师可以将情境融入课堂教学中,创设生活化情境,将枯燥的技能训练融入与学生生活实际贴近的情境中,激发学生学习兴趣,培养学生创造性思维以及主观能动性,学生不用出校门就能感受到企业工作的氛围,从而潜移默化地提高自己对知识的理解和掌握。

比如,在学习《基础会计》第二章的会计要素时,会计要素作为会计理论知识的基础,能够让学生熟练区分各类会计要素,说出会计各要素的具体内容对于后续的学习十分重要。教师可以通过创设生活化情境将书本中的概念与生活中学生熟知的一些东西相结合,引导学生思考,总结概念,从而使学生更好地掌握这一章节内容。教师在讲授会计要素时,可以创设贴合学生生活的情境,如让学生尝试设想自己是一家蛋糕店的老板,思考蛋糕店跟会计相关的工作。做蛋糕的材料与卖出去的蛋糕是一样的吗?将资产、负债、所有者权益、收入、费用和利润这六大会计要素分别代入蛋糕店中的各项事务。举例来说,固定资产可以对应蛋糕店中的烤箱,无形资产可以对应蛋糕店的商标或者专利等。将生活中随处可见的情境引入课堂,引导学生自主思考,教师总结归纳,能够更好地将理论联系实际,让理论知识更加贴近学生生活,为后续学习夯实基本技能。

3. 体验真实业务情境,提高实操技能

通过创设真实企业会计岗位业务流程,改变其看题填写空白的形式,可以促使学生融会贯通地运用所学知识。例如,在讲授《基础会计》第四章的记账凭证时,记账凭证的填写和审核是企业会计工作的重要部分,结合所学的原始凭证,讲到记账凭证的填写和审核时,可以通过分工模拟岗位的方式,通过创设真实的企业工作情境,让学生自己动手操作。

通过原始凭证解读企业经济业务,结合之前所学的借贷记账法填写记账凭证,通过各小组进行竞赛的形式,看哪些小组能做到又快、准确率又高并给予奖励,增强学生的竞争意识,以提高其实践技能,这样的训练有助于培养出更加符合现代企业需求的人才。通过模拟企业真实业务情境,使学生更好地融入工作角色中,改变其看题做账的枯燥方式,能有效地提高学生的职业技能水平,也能培养学生的团队合作精神,在企业中也能更好地适应工作环境。

4. 参与角色扮演情境，学生自主学习

情境教学法可以将一些复杂的且易出错的会计核算融入具体的企业工作情境中，学生能够生动地看到经济业务是如何发生的。首先应该了解怎么做，其次更要明白为什么要这样做，在情境实践中总结经验，不仅能够充实理论知识，也能提高实践能力。例如，在讲解票据的相关知识时，可以通过学生扮演出差的工作人员和会计人员的形式，从出差前需要填写借款单到出差期间取得的原始凭证，如火车票、其他发票等，再到出差结束的粘贴票据并交付给财务这样的真实业务流程，不仅能使学生对本节课的兴趣大增，还能了解票据的重要性，以及以后在公司中如何以正确的形式报销差旅费、粘贴票据，这些都是未来在企业工作的重要技能。

学校学生尤其是一年级的学生，他们基本没有社会经验，对差旅费的核算和出差前借款单的审核处理容易出错，这些知识点是课程教学的重点，也是未来学生到了工作岗位上所必备的技能。运用角色扮演的情境形式，将这些知识融入教学过程，不仅提高了学生的课堂参与度，还能使学生自发地去思考问题，学生在此过程了解自己的优势和不足，有利于学生规划自己的职业生涯。

（四）信息化背景下情境教学法在会计教学中应用的可行性

1. 情境教学法易于吸引学生注意力

目前，众多学生在学习基础方面存在明显不足，特别是部分来自贫困地区的学生，他们因教育资源有限，在专业知识上有所欠缺。鉴于这一情况，会计专业教师在选择教学方法时，应深入考虑学生的实际情况。

情境教学法中的实物展示、角色扮演以及生活化情境等教学手段，能够有效吸引学生的注意力。学生更倾向于在活泼、生动的教学环境中学习，而非单调乏味的"填鸭式"教学。通过将书本中的抽象理论知识转化为生活中随处可见的实践活动，不仅能吸引学生的注意力，更能引导学生主动思考。

通过角色扮演游戏，不仅可以传授会计专业知识，更能培养学生的

自信心,帮助他们摆脱过去不良的学习习惯,并树立新的学习目标。在此过程中,多种情境的融入有助于提高学生的语言表达能力、自主思考能力、团队协作能力以及实践技能等。同时,这种教学方法能使学生更加深入地理解课堂中的专业知识,并使其记忆更为持久。

2. 双师型教师队伍不断壮大,教师专业水平提升

我国发布的《职教二十条》也明确指出,需强化双师型教师队伍的建设。随着教育现代化的持续推动,双师型教师不仅需要深厚的理论知识,还须具备一定的实践能力。这要求他们不能仅仅局限于校园教学,更应与企业紧密结合,深入企业学习,了解企业对人才的需求,探索如何将企业要求与教学目标相融合。教师不再仅仅专注于学校教学,而是更加关注培养既具备高素质又具备应用能力的全面人才。由于国家的重视,现今众多学校日益重视双师型教师队伍的培养,持续提高教师的专业技术水平。通过将技能大赛与教师职称评定相结合,使会计专业教师有机会深入企业财务部门学习,积累会计实践经验,搜集会计教学素材,不断丰富自身的理论知识,提升教学水平。国家对教师要求的提高,以及教师自身能力的不断提升,为情境教学法在会计课程中的实践提供了坚实的保障。

3. 会计教学资源较多,易于融入情境教学法

会计专业课程,诸如《会计电算化》《收银实务》及《财务会计》等,均配备了充足的教学资源,并设有专门的会计实训教室,如沙盘教室、手工会计实训室和 VBSE 会计实训室等。得益于国家政策的扶持,高校会计专业的资源得以持续优化和完善。这些实训室的设计兼具实用性和情境性,旨在为学生营造真实的办公环境。例如,在《收银实务》课程中,实训室配备了点钞机、收银 POS 机等设备,为情境教学法的实施提供了有力支持。

同时,《基础会计》课程所涵盖的发票、凭证、账页、装订凭证以及财务专用章等教学资源也得到了充分完善,为教师开展情境教学提供了坚实保障,使会计专业教学更具仿真性。实训室与传统教室的环境差异激发了学生的好奇心和学习兴趣。在实训教室中,学生积极参与实操活动,展现出浓厚的学习热情,教学效果亦得到相应提升。此外,情境教学法中的实物演示环节在实训教室中得以更加顺畅地实施。总之,高校会

计专业教学资源丰富,为教师采用情境教学法提供了有力支撑,有效提升了学生的动手能力。

(五)信息化背景下情境教学法在会计教学中的应用建议

1. 提高教师综合素质

情境教学法的实施效果以及对学生学习积极性的引导作用,与教师的专业水平、教学理念和专业素养息息相关。

会计作为一门应用性强的学科,要求教师不断提升专业理论水平。为此,学校应为教师提供培训机会,并在培训中特别注重情境教学法的实践操作,确保教师能够熟练掌握并有效应用于教学中。为了创建与教学内容紧密相关且受学生欢迎的情境,教师应善于观察周围事物,广泛搜集情境素材。此外,教师还需提升企业行业经验,深入了解企业会计岗位的工作流程和实操技能。学校应安排教师参与企业实践活动,并提供必要的技能培训。只有充分理解企业岗位需求,教师才能在课堂上更有效地传授知识。

实施情境教学法对教师的课堂把控能力提出了较高要求。教师需要在课前进行充分准备,了解学情,把握教材内容,以便在课堂中合理分配教学时间,调动学生的学习积极性,避免无效教学。教师的专业素养提升不仅局限于课前和课中,课后反思同样重要。通过学生的反馈,教师应不断改进教学安排和情境创设,提升教学能力和综合素养。

2. 根据教学目标实施情境教学法,收集有效的情境素材

在实施情境教学法时,教师需要事先进行充分的准备工作,包括对学生的学情特点、教学目标以及教学内容进行深入研究,并据此搜集和准备相应的情境教学素材。在信息化背景下,会计课程的教学目标旨在为企业培养具备专业会计知识和技能,同时拥有正确职业道德观念的优秀人才。情境教学法作为实现这一目标的重要手段,其设计必须紧密围绕教学目标展开。

在搜集情境素材时,教师需要掌握一定的方法和技巧。例如,可以搜集与学生生活紧密相连的情境素材,以激发学生的学习兴趣和好奇心。同时,结合当前社会热点进行素材搜集,有助于学生更好地了解社

会发展趋势。需要注意的是,在会计课程中,涉及的工作岗位对教师的情境素材搜集提出了更高的要求。由于这些岗位学生在日常生活中接触较少,因此,教师在准备情境素材时需要采用更加通俗易懂的方式,将专业知识与企业岗位需求相结合,使情境教学法能够更好地融入信息化背景下的会计教学中。

3. 优化情境教学的方法,改进教学评价方式

首先,教师在教育过程中应明确自身的角色定位,即作为引导者和组织者,而学生则是学习的主体。通过实施情境教学法,教师应积极引导学生进入学习情境,激发学生的学习兴趣和主观能动性,确保学生在轻松愉快的课堂氛围中掌握基础知识和操作技能。

其次,教师在课堂教学中必须充分考虑问题的难易程度,以及学生之间学习水平的差异。为了满足全体学生的学习需求,教师应设计适合不同水平学生的教学活动,确保每个学生都能积极参与课堂互动。同时,为了提升教学效果,学校和教师应共同努力,不断丰富和完善教学资源,如搜集和整理适用于情境教学的案例和课件,从而为教师实施情境教学法提供有力支持,同时也为学校培养优秀人才贡献力量。

再次,在进行教学评价时,教师应采取多元化的评价方式,全面关注学生在各个方面的发展情况。学生的综合能力才是评价的关键,而非单一的学业成绩。在情境教学中,学生的积极参与和自我评价对于其综合能力的发展具有重要意义。同时,教师的赞扬和鼓励也能有效激发学生的学习兴趣。

最后,在信息化背景下,会计课程的学习变得更为灵活多样。教师对学生的评价应更加注重指导和鼓励,帮助学生发现并改进自身的不足。这样的评价方式不仅能体现教师对学生学情的深入了解,还能有效增强学生的课堂参与度,以及提高他们的学习积极性。

第四章 信息化背景下会计教学改革的路径

信息化背景下的会计教学存在的问题较多,如教学目标满足不了社会发展的需要、缺乏完善的课程体系、会计课程设置不够合理等。然而,信息化背景下的会计教学价值比较突出,主要表现在提高课堂教学效率、拓宽学生知识面、提升学生综合素养等。为了促进信息化背景下的会计教学改革,教师应不断改革教学形式、科学整合资源、推进会计教学活动、改革会计教学管理模式,深化会计教学改革,从而为社会培养更多专业人才。

第一节 信息化背景下会计教学形式的改革

一、慕课教学

近年来,信息技术的高速发展引领着财税领域应用的行业变革,在智能财务会计的依托下,传统财务会计逐步向创造价值的管理会计转型,高素质会计应用型人才的培养面临新的重大挑战。会计课程作为人才培养的关键要素,应充分发挥其专业能力培养与育人作用,努力以具有高阶性、创新性和挑战度的"金课"标准进行建设。高校会计专业慕课教学改革迫在眉睫,减少"水课"、建设"金课"是提升我国高校会计专业教育质量的关键。

（一）会计课程慕课教学的意义

1.会计课程慕课教学资源丰富，教师和学生可以充分学习

慕课是"互联网＋教育"的产物。慕课实践在我国起步较晚，但发展迅速。目前，我国各种形式与级别的慕课平台纷纷出现，如国家级和省级的慕课平台等。平台上的会计课程慕课资源非常丰富且质量较高，并且大部分会计慕课资源是可以免费使用的。这对广大师生群体来说是非常有利的，教师能够通过慕课平台了解与更新自己所授课程相关的知识结构，完善教学方法，提高教学质量。学生能通过慕课平台免费学习，随时巩固和更新所学知识，在一定程度上解决了因资金、时间等因素限制新知识获取的困境。

2.慕课教学强调与传统课堂充分结合，教学形式多样化

慕课平台在给教师提供学习新知识机会的同时，也要求教师将慕课与传统课堂相结合，实现慕课教学形式多样化的目标。慕课是建立在传统课程基础上的，它是对传统课堂的补充，方便学生随时随地完成所学知识的温故而知新，形成良好的自学习惯。同时，慕课教学也要求教师以慕课为基础开展翻转课堂教学，促使教师创新课堂教学设计，优化教学流程，关注学生学习状态，跟踪学生学习动态，提高学生学习兴趣。

（二）会计课程慕课教学的现状

1.学生学习习惯存在偏差，难以快速适应线上教学

目前的高校学生习惯了传统的面对面教学形式，初次接受会计慕课教学难免会难以适应。通过学生访谈，了解到学生学习障碍较多，主要包括以下几个方面：

一是会计慕课教学缺乏互动，学生遇到问题不能及时得到教师的实时回复和反馈，导致对新知识的汲取甚至慕课线上教学存在些许排斥心理。[①]

[①]　徐蕾.基于 SPOC 的经管类专业翻转课堂教学实践——以国际金融学课程为例[J].西部素质教育，2019（09）：147-148.

二是部分学生由于欠缺学习主动性且学习纪律性较差,学习时间不充分导致会计慕课学习效果不佳。

三是网页卡顿、网速慢等客观原因的存在导致无法顺利开展会计慕课学习。

以上学习阻碍均不利于高校会计学专业慕课学习模式的推广,也将会在一定程度上阻碍线上"金课"的打造。

2.慕课教学资源种类繁多,难以做出最优选择

近年来,各高校均已完成各自网络教学平台的建设,并逐步放开学生自主选择慕课平台和课程的选择权。那么,如何在众多的慕课平台选择适合自身学习特性且满足学校人才培养目标的最优的会计学专业课程又将是高校会计专业学生面临的新挑战。

3.慕课平台建设不充分,课程建设进度不一

为了响应教育部门的号召,部分高校忽视高校培养应用型人才的本质和目标,在未整合校内资源的前提下盲目跟风建设高校慕课教学平台,导致会计慕课平台课程建设进度不一,平台建设不充分。通过了解,发现高校会计慕课平台建设不充分的原因主要是:一是慕课建设经费投入不足,导致会计慕课平台课程建设进度不一;二是教师未熟练掌握慕课制作技术,不能充分发挥慕课教学的优势;三是教学内容碎片化,课程体系不完整且缺乏案例教学,学习过程枯燥,难以调动学生学习积极性。

4.慕课教学模式评价体系不健全

目前,大部分会计慕课教学考核是凭借线上课时完成度、线上作业或单元测验和考试进行考核。慕课线上教学缺乏教师现场监督和后续管理,置学生于完全自主学习的环境中,除非学生高度自觉、自主配合学习,否则为了完成学习任务只会敷衍地完成刷课,很难如实、全面地反映学生的实际学习情况。[1] 因此,慕课教学评价体系的健全需要在过程性考核上采取强有力的监管手段,结合学生学习需求,充分激发学生的学习热情,激发学生对会计慕课学习的积极性,提高会计慕课教学课

---

[1] 郑春.以评促建视角下打造新时代民办高校"金课"课堂[J].中外企业家,2018(14):172-173.

程验收质量。

（三）会计课程慕课教学面临的挑战

随着信息技术的发展，慕课的使用和知名度越来越高。近年来最流行的慕课形式是线上"金课"。众所周知，慕课是实现"金课"的基础，它对"金课"建设的作用举足轻重，以"金课"标准进行慕课建设将迅速推进中国高等教育现代化进程。但在"金课"导向下进行会计专业慕课的建设仍面临一定程度的挑战。

1.严格梳理课程教学内容，合理增加课程难度

以"金课"要求建设高校会计专业慕课，要求教师在网络教学平台上传具有前沿性、融合性和一定含金量的课程内容，课程内容应具有一定难度，这是一个较大的挑战。目前，我国很多高校的慕课课程内容存在一定程度的复制性，内容过于简单，几乎无学业挑战度，很难真正符合"金课"理念的标准与要求。[①]因此，以"金课"标准建设慕课要求高校教师严格把关教学内容，合理增加课程难度。

2.创新教学设计，优化教学流程，丰富教学手段

教师应重点设计教学环节，创新教学设计，优化教学流程，采用多种教学手段进行教学；教师应制定合理科学的教学评价体系，全面客观地评价教学效果，这就要求教师具有较高的课堂组织能力与感召力。

（四）会计课程慕课教学的应用策略

随着当今社会的发展，高校慕课教学改革不断得到重视，进而推动了"金课"理念的出现。"金课"是注重课程内容质量、改善学习环境、提升学习效果的教学理念，它旨在要求教师全面展示课程，帮助学生深入理解课程内容，提高学生的课堂参与度和学习成绩。所以，高校采用

---

① 王晶,张琛.慕课在会计学专业课程中应用的SWOT分析[J].现代经济信息,2018(06):420-421.

"金课"理念改革会计专业慕课教学是必要的。

1. 改善会计慕课教学环境,激发学生学习热情

目前,各个高校会计专业慕课平台已建成,但存在平台建设硬件质量不高的问题,如视频播放不畅、网页卡、网速不够快、网页不兼容等,使部分学生对平台使用产生了抵触现象。因此,在保证教学内容高质量的前提下,高校应加强与平台开发商沟通,继续完善平台建设。此外,高校的会计慕课教学应逐渐实现线上慕课教学向多媒体合作学习的转变,如虚拟仿真实验、虚拟仿真课堂及课程互动等,这些新兴技术有助于改善课堂环境,使学生在课堂上更加专注,有助于提高学习效果。采用"金课"理念改革慕课教学有利于增强学生的主动性,促进学习成绩的提高。在"金课"理念下,学生使用多媒体技术可以在课堂上得到教师的及时反馈,从而激发他们学习的积极性。

2. 组建会计专业慕课教学团队,提升教师教学设计与应用能力

专业的会计慕课教学团队是打造"金课"标准的组织保障。会计专业的慕课教学改革应充分考虑其专业的实践教学需求,慕课教学团队的建设要求教师在教学过程中加入会计职业道德等情景教学。教师不仅要掌握线上线下混合式教学的精髓,还要在教学过程中注重线上情景引入,线下则要注重实务应用内容的设计。此外,会计专业慕课教学应围绕重点、难点问题采取渐进式教学方式,层层递进地开展。再者,观摩教学和师资培训等方式均是构建会计专业教学团队的有效途径。为了推动慕课教学改革,促进"以学生为中心"的教育教学理念的实践,应加快高校在线课程资源建设和混合式教学模式改革的融合发展,提升教师混合式教学设计与应用能力,助力各专业教师有效开展混合式教学。例如,湖南某高校开展了"混合式金课建设暨(文、理、工、医)课程教学设计与实施研修班"取得了良好效果。

综上所述,高校会计专业以"金课"标准进行慕课建设的目的是帮助学生更好地学习会计知识,培养学生的创新思维,提高学生的综合素质,从而使学生在会计专业的学习中取得更大的成就。

二、微课教学

（一）微课概述

目前,会计教学中微课模式的应用率比较高,这是因为微课可以通过较短的时间为学生呈现出难点、重点的知识梳理流程,让学生对知识结构的理解更加便捷,同时也可以为学生构建全新的知识结构体系。一般情况下,微课是由教师录制的教学难点与重点,以视频的形式呈现给学生,学生在平台上以观看视频的形式反复学习知识内容。除此之外,微课也多用于课前的预习,以深化学生对新知识内容的认知。

通常情况下,一节微课视频的时间长度在 10 分钟左右,也有较短的时长,大概在 5 分钟,微课的主题具有较高的明确性,便于学生选择,通过清晰明确的主题能够找到自己需要观看的教学视频内容,微课视频较短,学生能够高度集中注意力。利用微课时长上的优势,学生能够合理安排碎片化的学习时间,提升微课学习效率。课堂教学时间、教学资源非常有限,仅凭课堂的时间,教师无法做到相对全面的知识拓展,学生则无法在短时间内掌握过多的新知识内容,针对某一部分知识结构,很可能只是在课堂上随口带过,这就要求学生能够合理利用课下时间做好拓展学习的准备。会计教学中的知识结构具有非常强的关联性,若对某一章节的知识结构理解不透彻,就会影响后续单元的学习效果,基于此,学生可以在平台上检索相关章节的微课视频,通过反复观看以达到熟练掌握的学习目标。

（二）会计课程微课教学的应用

1. 精练简短

将视频作为核心载体的微课,最大的特点就是简短、精练,一节微课只围绕一个知识点进行全面的讲解,既能够突出关键点,也能够对学习难度进行有效分层。微课能够聚焦问题的关键点,以突出的教学主题为学生提供明确的教学引导,在课堂上教师需要针对各个知识点中的难点、疑点及重点进行详细讲解,围绕知识点设计教学方案与主题。因此,单元性的知识点讲解就需要耗费大量的课堂时间,教师需要设计关联性较强的教学活动,与其对比来看,微课中知识内容的讲解更加简洁,这一特征促成了学生自主、反复观看的学习特征,为学生的自主学习开辟了新渠道,让学生自主解决会计学习中的难题,使其发现探索的乐趣,逐渐适应移动化的学习方式,寻找课堂以外的知识探索路径。

2. 生动形象

教师在课上针对某一难点展开的讲解,会受到课堂教学条件的限制,容易出现内容上的欠缺,单一的讲解是比较乏味的,如果能够结合微课,以视频的形式分解难点知识的梳理流程,会便于学生掌握。微课中动画形式的感官性较强,讲解与梳理更加生动形象,同时画面色彩丰富,比单一色彩的板书更容易吸引学生。同时,将教材以外的拓展内容加入微课,与课堂上的内容关联在一起,形成高效的拓展教学,既可以突出教学重点,还能提升学生会计知识体系的完整性。

三、翻转课堂教学

(一)翻转课堂的基本概念

所谓"翻转课堂",就是让学生在课前观看相关课程的教学视频,充分消化教学视频中的重点。[①] 教师不再像传统课堂一样,利用课上时间为学生讲授知识,而是通过给予学生一段时间的自主学习,让学生为全班同学讲解并分享学习成果。学生讲解完成后再由教师进行点评,纠正学生的错误,为学生进一步讲解知识盲点,在课堂结束前留给学生互相讨论的时间。教师运用翻转课堂的教学模式,让学生把自主学习到的知识和重点进行分享讨论,不仅让教师的教学目标设置更有针对性,还可以实现对传统教学模式的革新,充分调动学生在课堂上的参与度,激发学生对知识学习的兴趣,提高教学的效率和质量,达到更好的教学效果。

---

① 谭刚,黄星星,吴刚,等.课堂革命——认识"翻转课堂"[J].解剖学杂志,2020,43(03):245-247.

（二）翻转课堂的特点

1. 课程学习更加灵活

学生可以自由安排教学视频的学习时间,让课程学习更加灵活,有助于提高学习效率。教学视频不仅可以供学生预习,也可以供学生复习。总体来说,翻转课堂给了学生自己安排学习时间的机会,提高了学生学习的灵活性和效率。

2. 学习流程更加科学,学习效率更高

翻转课堂的课程教学方式较传统的课堂教学模式更加科学。学生在学习完教师布置的视频课程任务后,自己会形成对知识点的理解,并在教师设置的课后题中检验学习的成果,把握学习重点。课上教师与学生的交流、学生之间的相互交流可以进一步提高学生对知识的理解和掌握程度。

（三）会计课程翻转课堂教学的应用策略

将"翻转课堂"理论运用到当下的高校会计课程中,就需要对现有教学流程进行重构。教师要在课前为学生提供本节课所要学习内容的相关资源,让学生进行自主学习。这一阶段的学生可以自由安排学习时间与地点,体现了学生的学习主体性。需要注意的是,教师所安排的课前学习资源,不仅要包含学生所需要观看的视频、所需要阅读的教材,还需要包含教师根据学生实际情况设计的任务单。同时,教师还需要学生根据自身对于本节课知识的理解与把握,在课前画出本节内容所对应的概念地图,从而帮助学生初步构建自身的知识体系,形成对于本节课知识的初步认识。在课堂上,教师需要针对本节课的学习内容,安排一些实践活动、探索活动以及作业,让学生在与教师、同学的交流中,逐步完成相关认识,并进一步完善自身对于本节课内容的认识体系的建构,丰富的交流能够帮助学生获得更多学习的帮助与支持,提升自身的学习效率。① 在本节课结束之后，教师可以为学生安排课后巩固任务，同时请学生针对本节课的感受给予反馈，以便充分了解学生的情况。

第二节　信息化背景下会计教学资源的改革

一、数字教学资源

在教学领域中，资源即教学资源，是为教学的有效开展提供的素材等各种可以被利用的条件，一般情况下包括教材、案例、图片、课件等，同时也包括教师资源、教具，基础设施等。从广义上来说，资源是指在教学过程中被教学者利用的一切要素，包括支撑教学的、为教学所服务的人、物、财、信息等。从狭义上来说，资源也可以称为"学习资源"，包括教学材料、教学环境及教学后援系统。"资源"是指在教学过程中所出现的有利于课堂顺利开展的可利用性条件。

二、数字教学资源的供给模式

（一）构建原则

第一，遵循建设主体联动原则。依据公共产品理论以及价值链理论，确定供给主体为教育行政部门、数字教学资源的供应企业以及高校教师。三个主体之间不是相互独立、相互分离的关系，而应做到分工明确，权责分明，紧密联系，交互联动。

第二，坚持资源需求导向原则。供给内容需充分考虑高校教育会计专业的重要性与特殊性；关注高校教师知识传递、教学运用以及专业发展的需求；坚持以学生为主体，注重高校学生的思维特点与行为特征，提供满足学生就业或升学不同需求的数字教学资源，培养学生的学习能力与操作技能。

---

① 潘国萍.翻转课堂在高校会计教学中的应用[J].魅力中国,2021（13）:204.

（二）构建内容

根据调查得知,部分高校教师缺乏制作数字教学资源的知识与技能,研究与开发资源所耗费的时间与资金成本较高,现有的资源成果保护机制不完善,导致教师缺乏建设动力,可以通过组织培训、建立激励机制以及强化知识产权保护,提高教师的资源供给能力与积极性。具体内容如图 4-1 所示。

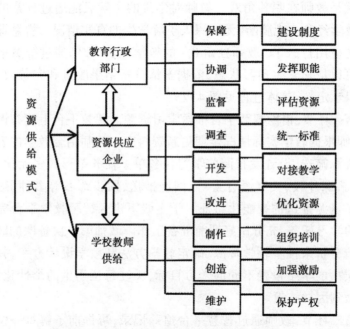

图 4-1　基于公共产品理论的资源供给模式

第三节　信息化背景下会计教学活动的改革

智慧课堂是智慧教育理念下催生出的新型课堂教学模式。依据伊斯和威尔提出的智慧课堂模型的组成和智慧课堂教学过程的相关理论,以刘奇邦教授智慧课堂理论模型为基础,结合高校学生的实际情况,对该智慧课堂教学模型进行了优化,构建了高校财务管理智慧课堂的"三段九环双层联通"教学模式。

一、课前准备阶段("三段"中第一段)

在传统的教学模式中,课前准备阶段往往以教师备课为主,学生很难坚持每节课前进行预习,教师也无法监控学生的预习情况,课前阶段基本就是教师在唱独角戏。教师对学生的了解只能通过日常的课堂观察与教学经验主观臆断,无法深入了解学生的真实情况。智慧课堂教学设计的应用打破了"教师独角戏"的教学现状,教师通过智慧平台统计数据可以量化学生预习状态,依据学情分析结果改进和完善教学设计,实现以学定教,具体过程见图4-2。

第一环节,借助智慧平台推送学习资源。智慧平台上建有课程资料库,教师根据教学实际情况定期更新资料库。教师结合教学内容的需要进行资源筛选,设置发布课前学习任务单。任务单形式多元化,有微课视频、慕课片段、文字语音素材、网址推送、同步练习等多种形式,充分体现了资源推送的智能化特征。学生线下进入智慧教学平台完成教师下达的学习任务,充分做好课前准备工作。教师第一次备课的时候会根据学情分析来搜集教学资源、确定教学方法和教学设计方案,并且针对不同层次的学生设置不同的学习目标,关注每位学生的个性化发展,可真正做到因材施教。

第二环节,教师通过智慧平台追踪记录,可提前了解每一位学生的预习完成情况,每一项任务的完成程度均有数据支持。教师依据这些数据的统计分布情况基本可以较准确地掌握学生的预习情况。通过对学生自测成绩的量化分析,教师能发现学生在学习过程中存在的问题。

第三环节,教师通过获取的学情分析报告,提炼出重点问题发布在讨论区,学生可以通过查阅资料发表自己的看法,生生间可进行讨论交流。教师依据学情分析数据、以往教学经验积累和学生讨论结果等信息来确定教学目标、选择教学方法、确定教学重难点、制定教学方案。

图 4-2　课前智慧课堂教学设计图

二、课中互动阶段("三段"中第二段)

在传统课堂教学中,通常以教师讲授为主,学生被动接受知识,这种教学无法展现出学生的主体性。在智慧课堂的教学过程中,能够借助智慧平台开展多种生生互动和师生互动的教学活动。通常可分为以下三个部分:

第一环节,导入新课。先在智慧课堂平台上导入本次智慧课堂教学内容,然后教师会根据课堂内容,创建相应的气氛与环境,如可以在平台上定时发布随堂测试,在新课导入时,自动为学生发放习题,或者平台上随机点名,让点到名字的学生自行叙述自己课前预习的内容。教师针对学生存在的问题进行引导与提示,学生可以选择重点来解决自己的薄弱知识,从而更主动地参与到课程中,这种方式可以显著提高学生的课堂注意力和积极性。

第二环节,创设情境。教师根据教学内容,整合教学资源,结合高校学生特点设置贴近实际生活的问题情景,集中学生的注意力,营造生动有趣的智慧课堂环境,调动学生参与课堂活动的积极性。与此同时,教师向学生所在平台发布小组任务,学生随机分组,以小组合作的方式开展合作学习。在规定时间内,充分进行组内交流,教师时刻关注每组的进程,并将精彩内容投放大屏幕共享,以此激励其他小组的学习。每组派代表讲解本组方案,其他组学生可自由提问,教师把握问题主导方向。最后,进行各组间投票。教师也可利用白板将问题设置成游戏的形式,进行"过关""升级",应用效果很好。

第三环节,答疑解惑。课程进行中,教师会在平台上开启"弹幕讨论"功能,开启时教师要关注发布内容,不得发布与教学无关的信息。

教师在监督过程中通过学生间的交流内容可以发现教与学中存在的问题。弹幕的设置活跃了课堂气氛,提高了师生间的互动交流频率。在课程最后阶段,教师可以让学生自主构建知识网络,对学生感到模糊不清的问题进行二次讲解,进一步强化教学重难点,在此过程中重视学生的创新思维和操作能力的培养,有助于提高教育教学效果。

三、课后提升阶段("三段"中第三段)

传统课堂的教学往往是在课程结束后教师布置作业,再由教师完成作业批改,教师的反馈与批改相对滞后,影响了学习效果的提升。智慧课堂的教学设计能够很好地改善这一现象(图4-3)。

首先,教师可使用平板电脑,将个性化学习资源推送到系统中,学生用平板就可以完成作业了,平台自动批改作业,以及向学生端反馈作业情况,一些学生作业完成情况不够理想,可要求把错题重做一遍,从而更好地对知识有所理解,查缺补漏。学生需要在课后对已学知识进行复习,对于仍然没有办法理解或者已经遗忘的知识,学生可通过微课视频反思和录制,以深化知识理解和记忆,突出学生学习的自主性。

其次,学生根据平台自动总结的错题集进行查缺补漏,将错题中的知识点着重整理,并在平台上将疑问点与教师进行交流,促进师生间的互动。

最后,教师对课程内容、自身状态以及学生反馈情况进行反思,反思主要以教学目标是否实现为前提,若没有完全达成目标,先在自己身上找原因。

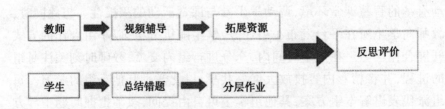

图4-3 课后智慧课堂教学设计图

第四节　信息化背景下会计教学管理模式的改革

基于信息化背景,把整个教学管理的改革分为三个时间段,以"教好学好管好"[①]作为目标方向,教、学、管每一个方面按照时间段进展来做好具体的教学管理实施内容,搭建好一个三角形结构的教学管理体系。

一、前期教学管理模式

教学管理的第一阶段,教师的教学应当以课程建设为第一任务,任课教师要在一定的时间内完成对学生的会计课程教学内容,做好教学计划以及教案规划(实训课的实训方案),可见,课后练习题和课题答案等教学资料能够保证教师的"教"顺利地实施,学生的学习要以课程体系的规划为准则。开展对会计岗位职业能力的分析以及学习情况分析,根据不同学校的特点来对其进行不一样的学习内容课程,加强实践课程教学方式的创新,做好精准教人,保障学生做到"学好";在学校管理方面,以学校的"管"作为准则要求,通过完善和提高现在的教学管理制度,用教学管理制度的改革创新奖励来鼓励教师创新课堂的教学和管理,更好地提高和稳定教学的管理效率,让学校的"管好"有效地落实。

二、中期教学管理模式

在教学管理的第二阶段,教师需要继续优化课程建设,并推动会计专业课程的发展。同时,加强教师培训,特别是针对专职任课教师和辅助教学管理人员,以提升他们的专业知识和能力,为教师的"教好"提供坚实保障。在学生学习方面,学校应增强与企业的合作,建立更多的校

---

① 顾秋琴.高校扩招背景下高职会计专业建立课程体系分流机制研究——以苏州健雄职业技术学院为例[J].湖北函授大学学报,2015,28(18):107-108.

外实践学习基地,让学生有更多机会参与与会计专业相关的工作,以提高专业对口就业率。此外,定期举办专业竞赛,提高学生的专业技能水平,并积极推进"1+X证书"试验,鼓励学生考取技能证书,确保学生的"学好"得到切实落实。

在学校管理层面,应针对扩招过程中出现的问题和矛盾,完善相关制度,探索适合新需求的管理方式。同时,结合教学质量和考核方式,加强对线上和线下课程的管理,及时了解学生的学习情况和任务完成情况,通过定期考试检测学生对知识的掌握程度,以便更有效地改进教学方式。此外,通过教学管理培训,运用现代化科技信息技术提升教学管理人员的能力,建立学习成果确认和积累的制度,推动职业技能等级证书与学历证书的融合,全面落实学校的"管好"教学改革目标。①

三、后期教学管理模式

在教学管理的后期阶段,会计专业教师应积极运用互联网资源共享平台,创新教育方式。通过整合线上线下、校内校外以及课堂内外的优质资源,打造特色化的会计专业教育课程,进一步优化课程资源建设。具体来说,需精心构建五门核心课程的内容资源,持续创新教学方法,包括模拟实训等,让学生在线多次反复练习。之后,安排时间进行现场实景操作,对不熟悉部门进行现场答疑,以增强学生的实践能力。此外,还应利用校外实践基地,推荐学生参与专业技能学习和岗位实习,确保学生能够将所学专业知识应用于实践中,真正落实"学好"的目标。

在学校教学管理层面,应加强对教学质量和评价的管理,将学生的学习情况和知识掌握情况作为评价学生毕业的关键因素。同时,各高校应根据自身特点制定符合各方利益的多元化计划,并建立完善的"教学过程和教学质量成果的评价"综合评价体系,以内部机制和专业外部机制共同参与评估。

在百万扩招政策背景下,高校会计专业学生来源差异较大,这对教学管理方式提出了挑战。因此,高校会计教学管理需与时俱进,进行科学创新和整改。以"教好学好管好"为目标,从教学管理三个方面设置

---

① 许剑,王宇.试谈教学管三位一体的辩证关系[J].武警学院学报,1998(S1):42-43.

各阶段的具体实践内容,贯彻落实"教学管三位一体"的管理模式。在行政和校企合作等多方力量的推动下,不断提升会计专业学生的专业能力,完善高校人才培养制度,为社会培养更多高技能人才。

第五章　信息化背景下的会计人才培养

在信息化背景下,会计人才培养呈现新的特点与发展趋势,涌现了多种新的教学模式。会计人才培养依托信息化背景,教师采用合理的教学方法与模式,将有助于全方位提高学生的会计综合能力。本章主要研究信息化背景下的会计人才培养。

第一节　培养学生的信息素养

一、信息素养

信息素养的定义一直是国内外学者的研究热点,众多学者对信息素养的界定进行了大量的探讨,做了很多研究,发表了多种观点。但随着信息社会的不断发展,研究者对信息素养的定义也在不断地完善。

美国华盛顿信息产业协会的主席保罗·泽考斯基第一个提出了信息素养这一概念。[①]他在1974年将信息素养的概念理解为运用信息资源和工具来解决实际问题的技术。[②]这一概念一经提出,就引起了众多学者的研究和讨论。最初,信息素养被定义为一种掌握并利用信息的技能,包括理解、分析、处理、使用和管理信息的能力。此外,它还被认为是一种能够灵活地适应信息社会环境的技能,可以有效地解决各种问

[①] ZU R KOWSKIPG.The information service environment: relationship sandpriorities[J].*National Commission on Libraries and Information Science*, 1974（11）: 163-174.

[②] 陈永清,林丽英.大学生信息素养评价国内研究综述——基于CNKI的期刊文献计量分析[J].新世纪图书馆,2017（11）: 92-95.

题。1976年,黎·伯奇纳(Lee Burehinal)[1]提出,一个具有信息素养能力的人也一定具备一些新的技能,通过这些技能可以对信息进行高效的检索与利用,并解决现实生活中遇到的实际问题。[2]

在《信息素养全美论坛的终结报告》(1992)中,道尔(Doyle)将信息素养的定义界定为:决策、需求、信息源的确定,信息检索方案的制定、信息评价、信息应用以及批判性思考等问题。[3]在2003年的《布拉格宣言:走向具有信息素质的社会》中,将信息素养作为一项基本人权,并将其作为终身学习的基本权利加以阐述。[4]2005年,在《亚历山大宣言》[5]中,人们普遍认为,信息素养和终身学习是指引未来信息社会发展的一盏明灯,是个人获取知识、实现发展的重要因素。在未来社会发展的进程中都离不开信息素养和终身学习的支持,因此要掌握相关技能,不断学习新知识,提高自身素养和能力,从而实现自我提升。[6]联合国教科文组织于2008年在其报告中确定了信息素养的指标框架。

信息素养的概念不只是一个抽象的概念,而是随着信息技术和互联网技术的发展而不断发展、动态变化的概念。它不仅包括传统的信息技术技能,还包括网络搜索技能、数据分析技能、信息管理能力等,这些技能的培养需要在实践中不断学习和完善。随着时代的发展,信息素养的内涵也在不断地丰富,越来越多的人开始重视信息素养,它不仅包括对网络知识、技术和技能的掌握,还包括对互联网思维方式和能力的培养。因此,信息素养是一种动态变化、不断发展的概念。基于信息素养概念提出的相邻素养也成为越来越多研究者的关注点。但无论是数字

---

[1]　陈爱璞.信息素质概念研究综论[J].郑州大学学报(哲学社会科学版),2003(06):151-153.

[2]　刘瑞华,魏毅,郑瑜.图书馆信息能力研究引论[J].图书情报工作,2010,54(05):39-42+130.

[3]　AbdullahS.Measuring the out comes of information literacy,Perceptonvsevidence-baseddata[J].*The International Information&Library Review*,2010,42(02):98-104.

[4]　刘丽辉.美国社区大学学生信息素养教育研究及实践述评[J].山东图书馆学刊,2020(03):91-95.

[5]　UNESCO, IFLA, NFIL, Beacons of the Information Society.The Alexandria Proclamation on Information Literacy and Lifelong Learning[R].High-Level International Colloquium Information Literacy and Lifelong Learning,2005-11-06.

[6]　叶健东.公共图书馆信息素养培训探究[J].河北科技图苑,2017,30(03):66-69.

素养、网络素养等概念的提出都是基于信息素养的基础上，因此信息素养也被称为公民基本素养中的"元"素养。[①]

二、大学生信息素养

大学生信息素养是大学生信息能力的重要体现，是大学生立足信息化社会发展的基本能力、终身学习的基础素养。在全球信息化的背景下，大学生的信息素养能力成为未来立足社会的重要基础，每个人都需要具备信息分析、处理、利用、评价等信息能力。白雪和闫广芬在5G时代背景下对大学生信息素养的定义强调信息意识的敏锐度、利用信息解决学习与生活中遇到的问题，不断丰富自身，同时遵守道德与法律以及承担相应的责任。[②]蔡成龙与衡阳认为新时代的大学生信息素养是在法律、道德等规范的约束下，主动发现问题、思考问题，利用信息技术高效获取信息并解决问题的能力。[③]李虹蔚认为信息素养与时俱进，将大学生信息素养定义为大学生在面对问题时，具备利用信息来解决问题的高层次信息观念。[④]不难发现，在有关大学生信息素养的界定中，不同的学者在信息素养界定上有交叉相似之处，都是围绕信息素养内涵变化不断丰富完善的，强调利用信息解决问题的能力。随着信息化社会的不断发展，信息素养概念也在不断丰富，信息素养概念并没有官方统一的界定。综合信息素养内涵与大学生能力的要求，本书根据研究内容与研究的对象将大学生信息素养概念界定为：具有敏锐的信息意识，能确定自己的信息需求，掌握一定的信息基础知识与信息管理、使用、评价技能，并能对信息进行整合创新，解决学生学习生活中遇到的问题，遵守信息道德与法律要求，能承担利用信息所带来的信息安全责任的能力。

---

① 姜淑慧，张杰."智能+"时代的新素养：数字韧性素养的内涵解析及时代价值[J].安徽电气工程职业技术学院学报，2022,27（04）：91-95.
② 白雪，闫广芬.5G时代高校学生信息素养与职业获得：现实、挑战与应对[J].中国职业技术教育，2020,727（03）：17-21+27.
③ 蔡成龙，衡阳.新时代高校图书馆在大学生信息素养培养中的功能定位[J].吉林省教育学院学报，2020,36（08）：58-62.
④ 李虹蔚.基于BIG6的大学生信息素养培养教学模式与评价的研究与应用[D].昆明：云南大学，2020.

（一）媒介素养

信息素养的研究可以说是从媒介素养的研究开始的。1930 年,英国最早开始研究媒介素养这一概念。媒介研究的开始阶段,主要是针对媒介环境对未成年和青少年的一些负面影响,旨在预防媒介环境对青少年成长过程中的阻碍作用。随着时间的推移,学者开始关注媒介素养在教育领域中的作用,并开始进行大量的理论和实证分析。比如,加拿大和英国等国家已经开始运用各种媒介素养理论,探讨如何提高学生对媒体环境的适应能力,以及如何在教育实践中使用这些理论。美国于 20世纪 60 年代开始对媒介素养教育研究,其研究的历史与英国和加拿大相较来说比较短,美国的媒介素养教育是以举办研讨会、举行"屏幕教育""电视素养""媒介批判"等形式推动媒介素养教育发展的,已经形成了美国一种本土化的特色。

1992 年,美国媒体素养调查中心将媒介素养界定为:当一个人在面对各种媒体和各种信息时,所展现的对信息进行选择、质疑、理解、评估、创造、生产和思考的能力。[①]

总体来说,媒介素养是一种可以运用各种媒体的资源来提高自己,使自己更好地参加到社会建设中,并促进社会的发展进步。在计算机网络技术不断发展的过程中,媒介也出现在人们的生活、工作、学习中,正如麦克卢汉在《理解媒介:论人的延伸》的标题中即隐喻出"媒介是人的延伸",媒介成为人们生活的主要信息载体。[②]媒介技术不断扩展的同时,大众对媒介信息的辨识、解读能力成为信息时代人们必备的一种素养。[③]从 20 世纪 30 年代开始,媒介素养开始在英国出现,并很快传遍了欧洲、北美洲、亚洲、非洲,随后媒介素养开始渗透到教育领域的各个阶段,正如今天的信息素养一样,成为教育领域各个阶段的学习者都应

①　赵丽,张舒予.媒介素养研究热点及趋势分析——基于教育学、新闻学与传播学 CSSCI（2012—2013）来源期刊数据 [J].电化教育研究,2015,36（05）:17-25.

②　李沁.沉浸媒介:重新定义媒介概念的内涵和外延 [J].国际新闻界,2017,39（08）:115-139.

③　赵丽,张舒予.媒介素养研究热点及趋势分析——基于教育学、新闻学与传播学 CSSCI（2012—2013）来源期刊数据 [J].电化教育研究,2015,36（05）:17-25.

具备的能力素养,这也是信息素养最初的缘起研究。

(二)数据素养

随着互联网的发展,人类已经迈入了数字化的信息时代,大数据人工智能的到来让大数据成为信息社会发展的重要资源,《不断生长的知识:英国图书馆 2015—2023 战略》中提到:"我们已经进入了一个大数据的年代,在这个年代里,数据被创造,分析和利用"。[①] 数据管理能力成为图书馆核心竞争力之一,数据素养成为图书馆员与科研人员的必备素养之一。明确提出"数据素养"这一概念是在 2004 年《信息素养、统计素养和数据素养》一文中,在术语上也有"数据信息素养""科研数据素养""数据信息"的说法。[②] 通常来讲,数据素养是指一种对于数据的意识,能够对数据进行有效地获取、分析和处理,并能准确地展现数据的能力。在此基础上,还需要具备良好的数据处理能力,能够从不同角度去分析数据,并根据不同的需要对其进行有效的处理和利用。此外,还需要具备良好的理解能力,能够将数据中所包含的信息转化为有价值的结论和见解,拥有一种对数据进行批判思考的技能,可以运用数据做决定。从一些能力的要求上来看与信息素养有一些相似的地方,也有学者认为数据素养是信息素养的延伸。

三、培养大学生信息素养的理论基础

(一)终身学习观

互联网信息技术高速发展,对我们的学习、生活等方式提出了更高的要求,现有的知识体系已经不足以支撑我们面对信息爆炸的时代。教育信息化提出以来,终身学习的生态体系被研究者们提出来,终身学习观成为未来社会发展中必需的学习观念。

---

① 王燕红,盛兴军.《鲜活的知识:大英图书馆 2015-2023》战略规划报告的启示与思考 [J]. 图书与情报,2016(02):33-39.
② 孟祥保,常娥,叶兰.数据素养研究:源起、现状与展望 [J].中国图书馆学报,2016,42(02):109-126.

别敦荣等认为高等教育是构建服务于所有人终身学习的教育制度短板,终身学习教育体系的支柱是高等教育,认为终身学习教育不仅仅在大学生,而且还应该包括成人教育和继续教育。[①]

朱小峰认为高等院校是培养服务于终身学习的人才基地,应该着力提高高等院校的办学水平,为学生提供高质量的教学内容,加强对学生终身学习能力的培养。[②]

信息素养作为终身学习的基本素养,提升大学生信息素养水平是提高终身学习能力的基础,当代大学生只有明确自身的信息素养水平,在其基础上不断提升自身信息素养能力,养成终身学习的意识,才能提高终身学习的能力。

(二)泛在学习理论

陈敏等人指出,泛在学习是一种可以让任何人在任何时间、任何地点,以任何计算设备为基础,获得任何所需要的学习资源,从而让自己在任何地方都可以获得学习服务的学习过程。[③]

秦枫认为,泛在学习是一种不受时空限制、以学习者为中心的智能化学习空间,学习者根据需求,不限时间、地点地使用任何终端设备,进行自主学习或协作学习。[④]

也有学者认为,泛在学习是指学习者可以按照自己的时间来选择合适的地点,利用自己已有的设备去尽可能地获取想要的信息,以此来支撑学习的一种方式,充分体现学习者的个性。

刘富逵等人认为泛在学习有两层含义:一种是指可以嵌入人们日常生活,借助身边的数字化设备随时可以根据需要进入学习的方式,另

---

① 别敦荣,李祥,汤晓蒙,等.职业技术教育、高等教育、继续教育统筹协调发展——"构建服务全民终身学习的教育体系"笔会系列一[J].终身教育研究,2020,31(02):3-18.

② 朱小峰.高等院校服务全民终身学习的逻辑与策略[J].中国高等教育,2020(12):60-61.

③ 陈敏,余胜泉,杨现民,等.泛在学习的内容个性化推荐模型设计——以"学习元"平台为例[J].现代教育技术,2011,21(06):13-18.

④ 秦枫.泛在学习环境下"以学生为中心"的外语教学再思考[J].外语电化教学,2015(05):57-62.

一种则是强调设备是一种特殊的计算机设备,具有嵌入式特点。[①]

信息化社会环境下,移动互联网技术、多媒体技术高速发展,为泛在学习提供了多样的技术手段以及丰富的学习资源,大学生只需要知道自己的学习情况,明确自己的学习需求,就可以随时随地利用信息技术检索手段查找、获取自己所需要的信息。

泛在学习理论主张学生发挥主观能动性,在明确自己信息需求的基础上根据自身需要自主学习,满足自己的信息需求。

(三)多元智能理论

美国的加德纳(H.Gardner)教授是一位著名的教育学者和心理学者,他提出了多元智能理论。[②]该理论的主要观点认为智能是多元化的,加德纳提出每个人身上至少存在八项智能的观点,分别为语言智能、数理逻辑智能、音乐智能、空间智能、自我认识智能、身体运动智能、人际交往智能、认识自然的智能。这八项智能在个体之间具有差异,因个体差异不同而表现出不同,随着个体的发展而变化。加德纳指出,在教学中运用多元智能的原理时,必须对智能的差别有一个清醒的认识,相信这一原理对达到教学目的有很大帮助,在教育教学中教育者应该注重学生的差异性,运用恰当的教学方式和策略开发学生的智能,使学生得到全面发展。

随着现代教育技术的不断发展,不仅为学生提供了更多的学习机会,而且也为培养学生的多种智能发展创造了一个丰富多彩的实践环境。现代教育技术不仅可以让学生更加容易地理解知识,还能帮助他们提高自身能力,拓宽视野,增强学习兴趣,有效地提升学习效果。此外,现代教育技术还能有效地激发学生的创造力、想象力和创新精神,从而进一步促进学生的多元化发展,多元智能理论为信息化教育技术的发展提供了多元的教育教学方向的思考,而现代教育技术则将多元智能现实化。多元智能理论的出现打破了人们对待教学的评价方式,主张从多维度评价学生的能力,传统的智能观点将人类的智能一元化,它的核心为

---

① 刘富逵,刘美伶.关于泛在学习研究的思考[J].软件导刊(教育技术),2009,8(02):5-7.

② 陈思维,蔡达明.多元智能理论视角下IPTV益智游戏开发的策略研究[J].中国电化教育,2018(03):127-130.

语言、数理逻辑，认为智能可以通过纸笔测试来衡量、以具体的分数高低来判断一个人的能力高低。多元智能理论的出现打破了传统智能观的局限性，主张从多维度来评判一个人的智能，促进了学生观念、教学观念和评估观念的转变。自从提出多元智能理论以后，研究者对多元智能理论指导下的评价观进行了深入的研究，多元智能理论对大学生信息素养评价的启示可以分为以下两点。

第一，主张评价方式的多元化。根据加德纳的多元智能理论，人工智能由八个方面组成，这些智能各具特点，根据不同的人发展的不同，个体之间因人而异，表现形式多样，而信息素养作为一个综合的概念，在评价大学生信息素养的时候应该从不同维度出发，采取多种评价方式，通过多维度评价的方式可以更加准确、全面地反映出学生实际的信息素养水平。

第二，注重学生的过程性评价。在多元智能理论的学说中，学生的智能因受到周围环境等因素的影响而因人而异，不同环境下成长的学生智力能力及其解决问题的能力都不相同，在对大学生信息素养评价的过程中，学生的信息素养能力作为综合能力，其影响因素包括多方面，评价过程应该随着学生的能力变化，对学生进行过程性评价。也就是说，不仅重视学生最终的信息素养水平，更重要的是记录学生成长过程中信息素养能力的变化，在评价中注重学生过程性报告的形成，为学生提供过程性评价意见和建议，帮助学生提升自身的信息素养能力。

四、大学生信息素养培养的具体策略

（一）完善学生的专业技术素养

信息时代下的社会发展和行业建设必然要体现出网络和信息技术的全方位、多角度渗透，任何一项工作的完成和岗位责任的履行都需要从业者掌握一定的信息技术。依托互联网和信息技术优化高校会计专业教学，一方面可以让学生获取更多有关会计岗位从业方面的知识、技能，让他们能够以更高的效率和质量完成对各类会计材料的处理；另一方面也可以增强他们依托网络和信息技术获取多元会计资讯的能力，实现他们专业素养的多维成长。同时，也可以在一定程度上培养学生追求新知、应用新知的意识,这对于他们专业技术素养的成长也是很有帮助的。

(二)减轻教师的课程教学负担

高校会计专业的教学内容是非常丰富的,这就需要教师在授课之前做好充分的准备,在调查、掌握大量有关资料的基础上实现教学目标的有机达成。依托互联网和信息技术优化高校会计专业教学,教师凭借海量的互联网资源快速获得与本堂课程教学内容有关的资讯,大大减少了备课阶段的精力投入。在课堂教学期间,教师也能够依托多媒体设备完成对信息内容的多渠道输出,让学生在单位时间内接触并深度理解更大容量的知识、技能信息。对于在教学中可能出现的一些互动问题,教师也能凭借交互设备完成对应资讯的"一键获得",大大优化教学的主客观感受,最终实现减轻自我教学负担的目标。

(三)调动学生的专业优化积极性

高校生的感性化思维比较鲜明,对于一些能从自然感官上带给自己新鲜、震撼体会的事物会自觉地表现出更为浓厚的兴趣。依托互联网和信息技术优化高校会计专业教学,教师能够将原本二维化、静态化的知识信息转化为颇具立体感、动态感的影音资源,并带领学生冲破课本的局限来获取更多富有时代气息和行业潮流的资讯,这无疑能极大地调动学生学习专业知识的积极性。此外,教师还能够依托网络和信息技术来为学生搭建完备的自主学习平台,让学生在专业学习中感受到更强的自主性,从而进一步激发他们的专业学习热情。

(四)优化教学内容,扩展教学范围

在高校会计教学内容设置方面,教师要关注会计行业的发展形势,并紧随时代趋势,注重高精尖人才的培养。教师可以结合企业运营管理要求,设置更为典型、科学的实训工作模式。通过一线的工作流程以及管理指导,强化学生的手工实践操作能力,对学生在各种数据敏感性分析,以及数量分析方面的自我思维训练提供有效的支持条件。这样,学生在未来岗位工作中自身的适应性会不断提升,未来职业核心竞争力便会不断提升。从企业实践工作要求来看,优秀会计专业人才不足,多半是因为理论与实践相脱节所导致的。在互联网背景下,教师将课堂教学与实践教学结合,优化教学内容,可以有效培养学生的实践能力。

1. 更新教学理念

高校在具体落实会计专业教学时,如果想要对"互联网+"进行更为有效的应用,需要对教师的思想观念进行科学转变,使会计专业教学和互联网技术有效结合,为教育工作营造信息化氛围。与此同时,学校还需要为学生和教师构建网络学习平台,在课程教学中应用互联网技术。学校还需要组织会计专业教师开展专业培训,确保能够实现教师综合素质和教学能力的全面提升,使教师创新教学模式。

2. 转变课程体系

在现代信息技术发展中,高校需要对其课程体系进行科学转变,调整相关课程的教学内容和教学时间,为学生增加更多的思考时间和练习时间,同时,还需要综合分析关联课程,删减重复内容,实现课时利用效率的有效提升。在具体构建课程体系时,需要和相关企业有效合作,使企业人才需求得到更好的满足,结合学生自我控制能力、自我学习能力、知识接受能力和成长规律进行分层次教学,使理论教学和专业实践实现无缝对接,保障学生全面发展。

综合分析成本会计、财务会计和基础会计等内容,并将会计专业划分为操作模块、业务处理模块、报表分析模块、档案保管模块,同时,结合学生实际情况,确定各个模块的具体教学时间。在各个模块中,模拟企业工作环境,合理融入实践操作和理论学习,使学生融入真实环境,强化学生感知认识,帮助学生夯实基础,使学生对相关知识具有更为充分的理解。

3. 强化校企合作

高校在开展会计专业教学时,教材是教学知识的重要载体,可以充分体现教学内容和课程内容,教材质量对其人才培养水平具有决定性影响。合理开发模块化教材,可以使课训证赛实现有效结合,顺利开展教学工作,使学生在毕业之后高度适应岗位需求。强化校企深度结合,使学校特色得到充分凸显。会计专业的有效学习必然需要较多的实践操作，然而很多高校在这方面并未具备充分的条件。对此，高校会计教师可以依靠网络资源和多媒体技术来弥补，利用伪实景技术为学生营造具有会计行业常规应用方向和要素的场景，引导学生通过与场景中虚拟人物的互动来完成一系列任务，并在这个过程中实现专业知识的吸收与技能的应用，从而大大提高学生的专业学习水准。例如，教师可以从网上下载资料并利用"多视"等软件制作一部体现账目建立的3D互动视频，然后依靠全息投影设备将视频内容播放给学生，让学生根据视频中的剧情发展和人物的要求通过选择不同选项的方式来完成业务处理，并根据后续的剧情提示来判断自己知识、技能的应用效果。高校在开展教育工作时，需要强化校企合作，合理优化教学内容，确保会计专业学生能得到更大的发展。首先，需要组织出版社编辑、学校骨干教师、企业实践专家和会计行业人员共同组建教学团队。其次，需要对专业岗位需求进行深入调研，会计教师需要强化一线调研活动，结合企业需求和学生实际情况，确定活页式和模块式教材。最后，还需要结合会计行业变化进行科学调整，使高校会计专业具有更高的灵活性。

4. 提升教师素质

高校在具体开展教育工作时，教师需要明确对会计教学进行科学改革的重要性，主动学习新知识，并对教学方法进行深入探索，强化教学课题研究，从而实现对学生技能的科学指导。教育部门需要考虑国民经济需求和国家教育发展，制定技能竞赛和课题研究内容，和相关企业进行深度调研，确保教师能够合理更新自身知识结构，明确会计内容变化，全面了解会计岗位职能，为教学工作的有效开展夯实基础。学校还需要定期组织教师深入企业一线，使教师具有更高的会计业务能力。通常情况下，教材内容具有一定的滞后性，使部分会计处理细节无法在参考书和教科书中找到，只有深入企业一线，才能使会计教师掌握充分的会计知识，进而确保教师能够更为高效地处理各项会计业务，实现教师会计技能水平的全面提升，同时，还可以使教师获取丰富的教学资源，确保会计教师能够利用相关案例开展课堂教学。

5. 整合教学资源

高校会计教师需要对互联网资源进行合理应用，并对互联网教育资源进行深入挖掘,确保充分发挥互联网资源的应用价值。教师还需要强化自身教学能力,对课堂教学进行有效创新,优化整合教学资源,使学生对会计信息化具有更为充分的理解,从而培养学生的会计知识和专业技能。与此同时,教师还需要向学生讲解各种搜集方法,引导学生结合教学内容自主搜集相关资料,使学生学习需求得到更好的满足,强化学生的专业技能。同时,教师还可以通过设置互联网平台或论坛,引导学生分享自己搜集到的教学资源,确保学生能充分地理解相关专业技能。将每一堂课的教学内容以视频的方式记录下来,而后选择其中涉及重难点的部分剪辑、整理成微课视频,将这些视频连同相应的教案、例题和案例打包上传至本专业的"云"空间中,方便学生下载与学习;还可以依托社交软件以及视频应用平台开设专业学习账户,为学生的课后自学提供更多的便利。比如,教师可以在年轻人喜爱的抖音、哔哩哔哩等媒体平台上开设个人或专业账户,定时发布对应课程的教学微课,在学生微信群中提醒学生收看,要求学生根据自学情况撰写线上作业,并利用邮箱或共享文件完成提交。

第二节　信息化背景下会计人才培养模式

一、PDCA 情境教学模式

(一)PDCA 情境教学模式的内涵

1.PDCA

PDCA 被广泛地应用于质量持续改进的管理活动,是全面质量管理的基本方法,其源于美国质量管理专家戴明的发掘和应用,广泛用于质量持续改进的管理活动。其由四个环节组成:计划准备(Plan)、实施计划(Do)、检查计划(Check)和反馈评价(Act)。将其应用到教学中,可以对教学过程进行全面控制,即按照"PDCA"循环顺序分配教学任务,确保教学质量,达成教学目标。

2. 情境教学

国内正式开始关于"情境教学"的研究是在 1978 年国内学者李吉林正式提出"情境教学"一词并对其进行实验之后,通过营造逼真的情境,让学生在具体的环境中学习,从而更好地理解和掌握知识。学者李吉林(1997)提出:"情境教学是结合学生的认知活动及其情感活动开辟出来的一种能够有效促进学生自主学习发展的教学模式。"1989 年,国外学者布朗等在一篇名为"情境认知与学习文化"的论文中第一次提出"情境教学"的定义,他们认为"只有在知识产生及其应用的情境中,知识才能产生意义。同时,知识绝不能从自身情境中孤立出来,而在情境中进行学习知识是最好的方法"。

(二)PDCA 的理论基础

1. 情境学习理论

情境学习是一种学习方法,最早由美国的莱夫和温格于 20 世纪 90 年代初提出。它是在行为主义的"刺激—反应"学习理论和认知心理学的"信息加工"学习理论之后又一个重要的研究方向。

2. 学习动机激发理论

学习动机是一种内在的力量,它能够引导、推动并维持学生学习的行为,使其朝向特定目标。以汽车为比喻,学习动机就像汽车的发动机和方向盘,它可以给予学生一个行为目标,并激发他们进行学习活动的动力。只有通过不断激发学生的学习动机,才能让他们开始和维持学习行为,并不断为实现学习目标而努力。同时,通过培养学习动机,我们还能够激发、指导和维持学生的学习活动。因此,如何最大限度地激发学生的学习动机和培养自主能力,是当前职业教育所面临的一个重要问题。

学习动机对于学生的学习具有重要意义,如果缺少学习动机,学习效果就会大大降低。在高校会计事务专业的《会计综合实训》课程中,可以通过引入 PDCA 循环理论来激发学生的学习动机。在课前计划准备（P阶段），教师应当制定好教学目标、时间规划、编写教学方案并准备实训任务书，并提前告知学生教学目标。此外，应将所需的实训任务书提前发放给学生。在教学目标的引导下，学生产生学习动机，并寻找或执行目标导向性相关活动，从而最大限度地激发学生的自主学习能力。这样的教学模式不仅可以提高学生的学习积极性，还可以增强他们的学习效果。

3. 角色理论

角色理论是阐释社会关系对人的行为具有重要影响的社会心理学理论。它强调人的行为的社会影响方面，而不是心理方面。早在1935年，美国学者米德将"角色"一词引入社会学领域，而后发展成为角色理论。该理论认为作为社会成员的人会通过自身行为方式对社会作出贡献，另外，该理论认为一个人从分析角色中逐渐深入领悟该角色的性格特点，进而将该角色的各典型特征演绎得淋漓尽致，并从中获得社会能力，以实现自我的社会化。

角色理论下的角色扮演适用范围广泛，其中包括教育教学领域。在特定的学习任务情境下，学生可以通过角色扮演的方式身临其境地体验和领悟知识。教师则有责任帮助学生了解可能扮演的社会角色，丰富其内心情感，使其学会承担社会责任并更好地与他人交往与合作，形成正确的价值观。因此，在使用该方法时，教师应让学生切实扮演好相应角色，以更好地沉浸于角色意识和共情之中。本书将PDCA情境教学模式应用于高校会计事务专业《会计综合实训》课程中，在课中实施检查（D和C）阶段，通过角色扮演的方式完成实训任务，进行成果展示。

4. 工作本位学习理论

工作本位学习理论简单而言便是工作即课程、课程即工作，即将学生的学习与创设的仿真模拟的工作岗位情境相融，而非融入知识体系中。这一理论更多强调的是一种知识的输出，在学习过程中更多的是引导学生的"学"而不是教师的"教"，也就是突出学生的主体地位。该理论最早源自古代学徒制课程，是西方国家普遍认可的且被国内职业教育广泛应用的一种学习理念。

由于职业教育的指向性绝大多数是面向就业，且学生学习理论知识的更大意义在于理论指导实际工作岗位的相关实践操作能力，因而在教学实践中更应该围绕"工作任务"展开一系列的教学活动实践。另外，以"工作任务"进行划分边界能够有效减少，甚至避免教学实训任务与实际工作岗位的脱节以及职业能力倒挂等现象。在工作本位学习理论下，在课中实施检查（D 和 C）阶段中强调把学生带入到实际工作任务情境中实施任务，结合角色理论和情境学习理论，让学生"做中学、学中做"，在校期间逐步实现从"学生"角色转向"职业者"角色。

（三）PDCA 情境教学模式在《会计综合实训》课程中的优化与设计

1.PDCA 情境教学模式优化意图

通过对高校《会计综合实训》课程的教学现状进行问卷调查、访谈分析，可以发现目前教师仅在实训前使用情境导入，或是运用实训任务书上的任务情境进行简单导入，并未在整个实训过程运用情境教学使用分组分岗分角色进行综合实训。为了更好地将情境教学应用于高校《会计综合实训》课程中，提升教学质量，实现效果的最大化，结合 PDCA 循环理论对情境教学的实施策略进行优化是必要的。

从与教师、学生的访谈分析结果来看，首先，课前计划准备（P）阶段，《会计综合实训》课程的专任教师授课甚少，明确告知学生本次课的教学目标，学生没有课前预习的良好学习习惯，存在小部分学生前期专业基础知识较为薄弱等问题。因此，对 PDCA 情境教学模式进行优化，一方面，可以通过课前的预习任务、教学资源帮助学生唤醒已有的知识经验或弥补所涉及的专业理论知识，通过微视频还原企业真实会计岗位操作流程，让学生身临其境、切实感受实际工作流程；另一方面，提前告知学生教学目标，能够让学生有针对性、目的性地参与实训任务，做到心中有数，清楚知道自己本次实训任务需要达成哪些教学目标，进而促进教学效果的有效提升。

其次，课中实施（D）阶段，《会计综合实训》课程的专任教师授课一般不会有导入环节，学生"一人包干制"，没有分岗分角色进行实训任务，学生对"会计岗位的工作职责"存在较为模棱两可的认知，对"会计凭证的流程程序"掌握程度一般，遇到问题一般向同学寻求帮忙，部分学生存在"磨洋工""搭便车"现象等。因此，为了更好地解决上述问题，提高学习效率和教学效果，对 PDCA 情境教学模式进行优化，一方面，可以通过导入新课的环节让学生较快进入课堂,通过实训任务正式开始之前的小测试,让学生重新梳理整个工作流程,更好地进入实训任务情境;另一方面,可以更好地聚焦情境教学、小组合作学习的方式,让学生分岗位分角色进行实训任务,改变以教师讲授为主、教师为中心、学生的主体性得不到充分发扬的传统教学课堂,通过小组角色扮演可以增强学生对"会计岗位的工作职责"的认知,通过实际工作情境模拟操作业务的工作流程,可以让学生身临其境、切实感受"会计凭证的流程程序",有利于提升学生的学习效率及教师的教学效果。通过小组合作学习的互帮互助、小组长负责制,减轻教师教学负担的同时可以增强同学之间的交流沟通,明确角色岗位职责可以减少"搭便车"现象的产生,限定每个任务的完成时间,从而减少学生"磨洋工"现象的产生,以提升学生的学习效率和自我效能感。

再者,课中检查(C)阶段,由于教学时间有限,《会计综合实训》课程一般没有学生成果展示环节,在实训任务的操作过程中并未设置任务检测点。因此,对PDCA情境教学模式进行优化,一方面,在小组完成实训任务后,要求小组进行成果展示,同时进行录像保存,通过角色扮演演示整个业务的工作流程,对刚刚所进行的实训任务有进一步的领悟,进而强化熟悉整个业务的工作流程,在见证小组成员的实训效果的同时,提升学生自身口语表达能力、逻辑梳理能力、增强自信心。另一方面,可以在实训任务的全过程中设置监测点,可以由小组成员或师生互相监督是否完成监测点,做到全过程质量监督控制的同时,注重过程性评价,从而提升学生的学习效率,教师的教学质量也能够得到保证,即检验教学效果的同时有利于课前预设的教学目标的达成。

最后,课后反馈评价(A)阶段,传统的《会计综合实训》课程的教学评价方式较为单一,侧重于结果性评价,缺乏多元主体评价,评价标准不清晰。因此,对PDCA情境教学模式进行优化,评价重视终结性评价的同时重视过程性评价,采用多元主体的评价方式,做到多角度、多主体、全过程综合评价。教师在实训任务过程中,随时关注学生动态,适时地给予引导,但不给绝对性建议,做好过程性评价。为了更全面地评价学生的综合能力,教师应该从多个角度入手进行评价。

在评价过程中,一方面,不仅要肯定学生的优点和成绩,还要针对不足之处给予指导和建议,帮助学生找到改进方向,并纠正错误。此外,在小组成果展示环节中,可以根据小组成员的临场反应、现场扮演表现,结合小组的实训成果完成情况进行综合打分,以客观公正的方式评价学生的整体表现;另一方面,要明确多元主体的评价标准,尤其是学生自评、小组互评的评价标准,有助于学生正确评价自己和他人,通过小组合作、小组互评,增强学生的沟通合作意识、团结协作意识,让学生意识到只有大家密切配合,才能够完整展示整个业务的工作流程;同时,将学生自评、小组互评、教师评价的权重计入学生个人的实训任务成绩,这种评价可以更好地反映出学生在实际操作中的综合能力和实践能力,做到了公正、客观与全面,这不仅考虑了实训成果本身的质量,还充分关注了影响实训成果的各个要素,如小组成员的扮演表现、对工作流程的掌握程度。

2.PDCA 情境教学模式优化策略

（1）以学生为中心,尊重学生的主体地位

PDCA 情境教学模式强调"以学生为中心"的理念,将学生置于学习过程的核心位置,学生应该成为高校会计事务专业《会计综合实训》课程中真正的"主人",积极参与到实践环节中,通过自己的实际操作来掌握知识和技能。在 PDCA 情境教学模式中,课中实施检查（D 和 C）阶段是最能体现教师主导与学生主体相结合这一原则的。在这一阶段中,教师应该从课堂教学的"主导者"转变为尊重学生主体地位的"引导者",通过提供必要的指导和支持,帮助学生掌握知识和技能,并鼓励学生在实践中发挥自己的创造性,同时学生应该从知识技能的"接收者"转变为"创造者",积极参与到学习实践中。一方面,小组合作完成实训任务书中的各项任务要求,而教师也需要发挥主导作用,把握实训课程的总体方向;另一方面,通过小组角色扮演展示实训成果,提高学生的语言表达能力、判断能力和对比观察能力。

（2）运用 PDCA 循环理论,突破重难点

传统的《会计综合实训》课程注重实训任务的完成,而忽视了所涉及的会计岗位职责与会计凭证的流程程序的重要性。在 PDCA 情境教学模式的优化设计中,将这两个重难点融入整个教学设计中,在课前计划准备（P）阶段,通过微视频的课前任务方式,辅助学生了解实际企业会计工作,培养学生课前预习的良好习惯;在课中实施检查（D 和 C）阶段,通过情境教学、角色扮演进而突出重点、突破难点,使学生真正掌握会计凭证的流程程序、熟悉会计岗位职责;在课后反馈评价（A）阶段,

通过学生自评、小组互评等学生反馈方式总结本次课的重难点内容。

（3）融入情境教学，丰富教学过程

在传统的教学课堂中，情境教学只作为课前的情境导入或是课中作为实训任务情境进行引入，而没有贯穿于整个教学过程。在 PDCA 情境教学模式优化设计中，将情境教学融入整个教学过程中，在课前计划准备（P）阶段，进行分组分角色分岗位的情境教学，运用实训任务创设情境引入新课；到课中实施检查（D 和 C）阶段，通过导入新课融入情境，并通过实训任务实施运用情境小组合作探究；到课后反馈评价（A）阶段，通过归纳小结、布置作业等方式延展情境。

3.PDCA 情境教学模式优化设计原则

（1）教师主导与学生主体相结合

PDCA 情境教学模式强调"以学生为中心"，发挥教师的主导作用，尊重学生的主体地位，同时，布鲁纳认知发现学习理论强调要重视学生学习的主动性，学生应是知识获取的主动者，而非信息接受的被动者。PDCA 情境教学模式《会计综合实训》课程的教学设计要体现"主导—主体"教育思想的学习原则，即将教师主导与学生主体相结合。

首先，在课前计划准备阶段（P），教师通过学习通学习平台发布课前学习资源和预习任务，再由学生通过自主完成课前预习任务了解实训任务所涉及的工作流程。

其次，在课中实施检查阶段（D 和 C），强调学生的主体地位，以及学生参与课堂的主动性，让学生在课堂中提高学习效果；在这一阶段，发挥教师的主导作用，引导学生进行任务实施，给予及时的指导，通过任务情境的合理创设突出学生的主体地位，让学生通过情境教学、小组合作学习方式探究任务、构建知识体系。

最后，在课后反馈评价阶段（A），教师结合学生课前课中的整体学习情况，进而有针对性地设计课后作业，以达到拓展延伸和查漏补缺的目的。在此基础上，教师对学生的学习情况进行综合评价，并反思自身及整体的教学情况。因此，PDCA 情境教学模式强调"以学生为中心"，教师在起主导作用的同时，需要把握学习共同体的重要性，以学习共同体为中心，合理设计教学方案，促进学生协作构建知识，让学生能够在合作中主动参与学习，这样可以显著提升学生的整体学习效果、学习质量和教师的教学效果与教学效率。

（2）多种评价方式相结合、重视过程性评价

PDCA情境教学模式效果评价强调对学生学习全过程的动态关注。在《会计综合实训》课程设计中，为了全面地评价学生，PDCA情境教学模式需要将PDCA循环理论的概念应用于学习的评价中，重视多方位的过程性评价和终结性评价，并采用多元主体的评价方式，以全面且真实地反映学生的学习情况，进而激发学生的学习积极性，促进学生的综合素质提升，从而达到更好的教育效果。

在课中实施检查阶段（D和C），教师应做好课堂的监督者、主导者，认真记录学生在小组合作任务实施、角色扮演成果展示中的表现，对于每组成果展示后，及时的评价和分解式的成果展示是PDCA情境教学模式中至关重要的环节，教师可以通过及时的点评，为学生提供方向和信心，让学生更有针对性地进行下一步的学习和提高；同时，通过将成果展示分解，可以帮助学生更好地理解知识，并将其应用于实际情境中，也可以尽可能地拓展整体训练面，让学生逐步加深对知识点的理解和应用。一是小组角色扮演整个业务的工作流程，增加学生课堂参与度。二是学生个人口述业务工作流程及所涉及会计岗位的工作职责要点，涵盖本次实训任务所涉及的重难点，进而突出重点、突破难点。在情境教学角色扮演机制下，各小组的参与度会大大提高，充分发扬学生的团队意识，培养集体合作精神。在课后反馈评价阶段（A），教师要作出总体评价，重视学生自评、小组互评，给予表扬和肯定，对学生的发展和进步进行激励。

（3）对教学过程全程控制

为了提高课程教学质量，其关键在于通过改进教师的"教"，提高教师的教学水平，进而促进学生有效的"学"。因此，改进的关键在于"教"，改进的目标在于"学"。将PDCA情境教学模式应用于高校会计事务专业《会计综合实训》课程中，就是在该课程的教学全过程中吸取PDCA循环理论的核心思想，即"过程控制"和"质量改进"；将PDCA循环理论融入《会计综合实训》课程教学的课前计划准备阶段（P）、课中实施检查阶段（D和C）、课后反馈评价阶段（A）三个阶段的全过程。同时，在实训任务过程中设置监测点，实现对课程教学质量的全程控制，不断提升课堂教学质量。

二、行动导向教学模式

（一）行动导向教学模式理论分析

1.行动导向教学模式的概念

行动导向教学以培养学生的职业能力为核心,教师作为任务的设计者和引导者,提供完成任务所必备的基本学习资料和工具,围绕完成特定职业项目设计相应的任务,学生利用教师提供的资源,借助小组合作等方式采取行动完成任务,在一过程中不仅仅是单纯的脑力劳动,而且是手脑心并用习得相应工作知识、掌握相应的职业能力。行动导向教学模式的核心是设置典型的学习任务,学习任务不一定是企业真实工作任务的如实还原,是参照企业生产或服务实践,建立起学习和工作之间直接联系的任务。

行动导向并不是一种具体的教学方法,更倾向于一种教学范式或教学理念。行动导向教学要求学校根据现有的各项教学资源,对企业所需的关键能力进行教学化处理,形成适合学校、教师、学生的专业技能目标,其主要由教师创设教学情境,学生模拟企业操作,接受并完成学习任务。教师是学生的专业对话伙伴,组织并帮助学生顺利完成工作任务。在这样的理念指导下,教师可以采取多种具体方法来培养学生,本书将这种教学方式称为"行动导向教学模式"。

2.行动导向教学模式的教学方法

行动导向教学模式是培养关键能力的一种教学理论或范式,在此理念指导下可采用的教学方法有很多,较为常用的有项目教学法、引导课文法、角色扮演法、案例分析教学法等。项目教学法是师生通过共同实施一个完整的"项目"工作而进行的教学活动,在职业教育中,项目是指以生产一件具体的、具有实际应用价值的产品为目的的工作任务。这项工作任务的完成需要具备一定的专业理论知识和工作技能,学生完成该工作任务有明确的任务说明、时间规定及完成任务所需的资源支持。在任务完成过程中可能会遇到困难和问题,在克服困难和问题的过程中应用已学的知识并学习新的知识和技能。

引导课文教学法是一种特殊的项目教学法,近年来在德国的职业教育领域得到了广泛应用。与项目教学法不同之处在于要求教师准备充足的学习材料,设置问题,引导学生完成项目的过程中学习知识和技能。角色扮演法是在不同专业领域内都被较早采用的一种教学方法,学生扮演职业工作中的社会角色,根据社会角色属性面临特定职业情境中解决问题的态度和方式行事,从而深化对职业角色的理解,明确其所需的职业知识和技能。案例分析法是学生通过深入分析某一职业事件并作出决策,在对这些案例进行研究和发现的过程中培养分析、归纳、演绎、决策和评估等思维能力。

3.行动导向教学模式的教学特征

行动导向教学模式具有以下几个主要教学特征。

(1)情境生成经验。学生在职业情境中利用已有的经验,在分析和解决情境问题的过程中建构新的经验。

(2)以学生为主体。行动导向教学模式注重学生学习主动性的激发与培养,教师从教学的主导者变成学习顾问,为学生学习创设空间与平台。学生在积极的探索中完成知识的学习,掌握职业技能。

(3)注重合作。合作是职场工作中必然面对的课题和必须具备的能力,行动导向教学模式注重以学生团队,或者是学生和教师构成的团队去共同完成工作任务。通过团队获取完成工作任务的更多资源,并在团队的交流分享中掌握所学知识和解决问题的能力。

在《初级会计实务》的教学过程中,行动导向教学模式的应用可以采用以上某一种教学方法,也可以是多种教学方法的综合应用,甚至是新方法的尝试,只要具备基本的教学特征和教学理念都是对其的应用。本书通过小组合作学习方式综合采用项目教学法、案例教学法等分析行动导向教学模式在高校会计专业《初级会计实务》课程中的应用。

(二)行动导向教学模式的理论基础

1.泛智教育理论

学者夸美纽斯主张泛智教育,即学习应使人获得必需的、广泛的知识的同时,也强调了学到的知识应是有用的。毕竟相较于学习的无限性,人的生命是有限的,因而应学习对生活有帮助的知识,即为生活学习。在教学方法上,强调学校应激发学生的学习欲望,传授实际有用的知识,调动学生的学习积极性,教师通过正确的教育方法促使学生自觉主动地进行学习,在他的著作中第一次使用了"行动导向"概念。本书通过行动导向教学模式对高校会计专业课堂进行改革,以促进专业知识与未来工作需要相对接,提升学生的专业操作技能,促进就业。

2. 要素教育理论

学者裴斯泰洛齐提倡和践行把智育和德育、体育、劳动教育密切结合,教育与生产劳动相结合,学校成为促进社会改造的有力杠杆,其强调教学的实践性,主张学生在劳作中完成学习。例如,通过纺纱、测量草地等活动使学生把所学的知识运用到生产实践中去,通过劳动促进德育智育,在劳动中形成高尚的道德品质,促进智慧的生成。他在著作《林哈德和葛笃德》中指出把学习和劳动、教学和工厂融合起来,这不只为了收获劳动成果而劳动,关键是学到劳动能力,这样的教育目标和行动导向教学的理念不谋而合。行动导向教学模式注重围绕生产实践所需的能力设计生成符合教学实际的行动任务,从而让学生在完成任务的过程中掌握相应的工作能力。

3. 实用主义理论

与传统学校教育不同,杜威主张"从做中学"的教育理念,认为教学中通过做才能让学生掌握和深刻记住所学的知识。应尊重儿童与生俱来的做事和工作的渴望,以及对活动保有的浓厚兴趣,使得学校里知识的获得与生活过程中的活动联系起来,从而促进学生的生长和发展。因此,学校在教学中应创设情境引起思维的经验,学生在准备解决情境中的问题的基础上,进行思考和假设,在实践中验证自己的所思所想是否正确,即将学校模拟了社会环境,在生活中获得学习、成长。行动导向教学模式无论是采用案例教学法还是项目教学法等,都是借此为学生创设工作情境,在情境的分析与任务操作中,学生掌握适应工作需要的知识与能力。

4.建构主义学习理论

建构主义认为学习是学生依据自己的经验及对问题的理解对知识进行建构的过程。这一过程是主动建构的过程,具有社会互动性和情境性,无法由其他人替代。建构主义还指出,教学不应该是简单地传递知识,要注重学生对各种现象的思考和理解,并进行相应的引导,使学生利用现有的知识经验生成新知识,完成对知识的处理和转换。因此,教师要注重自主学习的意义,为学生建构认知结构、创设问题情境;应发挥学习共同体的作用,采用合作学习等方式促进学生认知结构的建构;还要多开展实践活动课,以便学生在实践活动中能够领会和运用知识。

(三)行动导向教学模式在会计教学中的意义

1.提升学生的学习自主性

行动导向教学模式要求转变教学方式,从教师简单地讲授、学生被动地吸收,转变为以学生为中心,教师通过任务的设计,激发学生的学习自主性的输出式学习。这一模式的应用有利于促进高校学生重新审视自我与学习的关系,意识到学习不是被动接受教师的管理,而是自我成长的过程;不是把作业与考试简单地理解成需要完成的任务,而是检验自我成长的机会,深刻理解学习对实现人生价值的重要意义,改变自身的学习态度。在行动导向教学模式的引导下,学习真正地实现了以学生为主,这样的以学生为主是一种自下而上的学生自我革命,具有现实性,而且学生能主动地面对自己学习的问题,积极地寻求解决的办法,从而促进自身学习成绩的提高。可见,行动导向教学模式激发了学生学习的自主性和主动性,有助于学生与家长、教师实现良性沟通,构建和谐的师生关系与家庭关系,为处于青春期的高校学生的健康成长构建良性的外部环境。

2.培养建设现代化人才

从长远来看,通过行动导向模式重构课堂生态,更有助于落实立德树人的根本教育任务。教师通过运用行动导向教学模式,激发学生学习的自主性,从而提升学生的自我管理能力。所谓自我管理能力,是公民良好道德修养的体现,也是现代公民应具备的素质之一。学习自主性的培养看似是个体自我的改变,实则从长远和宏观来看,关系到公民素养的提升,有助于培养合格的公民,培养优秀的社会主义建设者和接班人,从而培养出适应未来社会发展的高素质会计人才,助力中国式现代化的实现。

（四）行动导向教学模式在《初级会计实务》课程中的教学实践

1.教学原则

为了规范教师教学,减少教学的随意性、盲目性,教师在运用行动导向教学模式时应设定基本的教学原则和教学流程。这可以有力地促进教师不断思考改进:我要讲什么? 我用什么方法来讲? 学生学懂了没有? 同时这一模式也为教师提供了课堂改革的参考依据,从而不断提高课堂教学效率。

（1）学生主体原则

在课程教学中,教师应充分发挥学生的主体作用,让学生行动起来,做学习的主人。而教师作为辅助成为学生学习的点拨者和引导者。在课前,学生通过阅读材料完成任务清单,进行自学;课中,学生借助学习小组分析讲解互学,教师只是结合预习反馈和教学重难点有针对性地进行补充;课后,学生进行练习,再次借助小组解答疑惑并进行反馈。

（2）行动任务原则

在教学中,教师除讲解必要基础理论外,还要根据教学内容和工作实际设置行动任务,将知识讲授转为学生的行动。教师应充分利用网中网等学习平台,给予学生模拟实际工作的机会,尤其是会计日常工作中出现频率较高的内容。

（3）合作式学习原则

学生在小组合作学习过程中应增强分工合作意识,即在小组合作过程中,教师应培养学生的社会交往和沟通能力,让学生有更多展现自我、表达自我的机会,提高学生对自身能力和价值的认识,从而不断提升自身的学习自主性。

2. 教学设计

以《初级会计实务》第三章第一节"货币资金中的库存现金"内容为例进行教学设计。

（1）教学目标设计

为了使学生更好地具备适应工作岗位的技能与资质，在进行目标设计时，教师应重点围绕学生在初级会计考试中应具备的知识技能及在未来的就业岗位中需要具备的关键能力设置相应的核心技能。

通过分析学生和实践性教学情境的关系，结合技能课创新教学的实际需要，在专业技能课教学中应重视如何通过教学设计突出核心技能的训练，也就是说，将核心技能融入实践教学，从而使学生在具体的实践情境中习得核心技能。

（2）教学内容设计

库存现金课程是在第一章、第二章会计基础理论知识的前提下，开始过渡到实际操作的内容。通过本节内容的学习，学生将所学基础知识与实际相结合，检验学生知识的理解运用情况。编制银行存款余额调节表等是高校学生毕业后从事出纳工作所需的基本能力，因此以本节课为例开展行动导向教学模式的课堂运用分析很有必要。

（3）教学方法设计

通过行动导向教学法模式对《初级会计实务》进行整体教学设计时，用到的方法主要有案例教学法和项目教学法等。在课前预习阶须，教师在平台上发布学习资料，学生借助资料里的案例进行自学，课上师生对案例情境进行分析来学习基础理论知识。在技能知识阶段，运用相关真实的案例，引导学生逐步认识和掌握库存现金核算的方法，教师可在教学平台上设置学习项目，学生借助小组合作完成项目，从而掌握登记现金日记账等有关技能。

（4）教学过程设计

"库存现金核算"共2课时，80分钟。教师运用行动导向教学法展开的主要教学过程为：课前预习、明确目标、小组互助、教师点拨、当堂巩固、课堂小结。其中，在小组互助、教师点拨过程中，教师可以采用案例分析法，该方法主要适用于基础理论知识的学习；也可以采用典型工作任务或角色扮演法等，这些方法主要适用于让学生理论联系实际，掌握相应的会计操作技能。

（5）教学评价设计

专业实践课程要制定多个评估标准，教师可以设置针对不同智能表现方式的评估标准供学生选择使用，即个性化评价。此外，教师可以借助任课教师、学生本人、学习小组等评价主体，利用形成性评价和个性化评价，对学生再进行综合性评价。

三、PBL 教学模式

（一）PBL 教学模式的内涵

PBL 是英文 Problem Based Learning 或 Program Based Learning 的缩写，前者意为"问题导向式学习"，后者意为"项目式导向学习"。它们既可以作为一种教学模式、教学方法、教学思路，也可以作为一门课程。本书研究所用的 PBL 是指 Problem Based Learning，也就是意为"问题式导向学习"的教学模式，也可以翻译为"基于问题的学习"。对于 PBL 的具体含义，国内外学者并没有给出一个统一的界定，主要观点有以下几种。

第一种，美国医学教授巴罗斯（Barrows）和同伴（1980）将问题式学习界定为：通过理解和解决问题达到学习的目的。[①] 在这种教学模式下，可以培养医学生的实践能力、团队合作能力、人际交流能力等，适用于培养应用型人才。

第二种，卡琥（Kahu）等学者认为问题式学习是用问题的界定和解决来驱使学生学习。该观点认为学生是学习的主体，能主动学习相关的知识。

第三种，PBL 教学模式是一种途径，学生以组为单位共同解决教师提出的一些模拟现实的问题，从而发展自身解决问题的能力。

无论哪种定义，能看出其中相似的地方，即 PBL 教学模式中包含的核心观点：教师结合现实生活提出特定情境下的问题，学习主体由传统教学中的教师转变为学生，学习形式是小组合作，主要方法是基于问题

---

① Barrow, H. S., Tamblyn, R. M. Problem-Based Learning: An Approach to Medical Education[M]. New York: Springer Publishing Company, 1980: 18.

的学习。

作者将 PBL 教学模式理解为：在教师情境设置和引导下，学生以小组为单位展开对问题的讨论和探索，直至问题被协作解决的一种自主学习模式。PBL 教学模式强调自主学习与合作学习、探究学习融为一体，致力于培养学生的自主学习能力、分析问题和解决问题能力、小组合作学习能力，从而提高教师对教材分析的能力与对知识的把握力。因此，PBL 教学模式对于素质教育的落实和学生创新精神、实践能力的培养等都有十分重要的价值。

（二）PBL 教学模式的特征

结合上述 PBL 教学模式的含义可知，PBL 教学模式的特征主要有四点：第一，结合情境；第二，基于问题；第三，学生中心；第四，小组合作。这四个特征缺一不可，且四者之间联系紧密。

1. 结合情境

所谓结合情境，是指在 PBL 教学模式过程中，问题的提出要基于现实生活情境，以生动形象的情境或案例引导学生去思考、分析、解决问题，完成自主探究学习。通过在接近生活的情境中学习，有利于培养学生举一反三的能力，使学生能在学习和生活中完成知识的迁移转化，提高学生解决分析问题的能力，也有助于学生思考和理解问题，从而有效地投入到小组讨论和合作中去。结合情境的教学能帮助学生消除疲劳，使学生对学习保持新鲜感，激发学生学习的积极性，提高学生的学习效率。在此过程中，教师应对教材和学生进行透彻分析，确保知识点与现实生活的结合，使二者之间的联系更加紧密、更加恰到好处，从而便于学生能更好地投入，在情境角色中寻找问题的答案，解决问题。

2. 基于问题

从 PBL 教学模式的英文全称 Problem Based Learning 就能得出其核心为 Problem，也就是问题。教学的本质在于解决问题，问题将驱动学习的开展。问题也是 PBL 教学模式实施的关键，也是整个教学环节的焦点所在，所设计问题的质量将影响教学效果。好的问题将引导学生去思考，使学生能在教学的过程中分析问题，查找相关知识，解决有难度、有意义的问题,从而实现有效学习。PBL 教学模式中的教学是从问题的提出开始的,一直到问题的最终解决,在该过程中,学生在教师创设的情境下,通过小组讨论,完成相应的自主学习任务,用理论解释知识,达到获取知识的目的。问题如何设计是整个课程推进的首要条件,合理地设计问题既能为更好地解决问题埋下伏笔,也能为知识的顺利运用提供相应的思路,促进学生对问题的理解,形成对学生目的性的引导。这就要求教师要有牢固的问题意识,努力发现问题,将理论知识与实际问题有机结合,进而提出有水平、有质量、有高度的问题。

3. 学生中心

"学生中心"是 PBL 教学模式区别于传统教学模式的特别之处,强调教学过程中学生作为主动参与者进行学习,是学习的主体,而不是传统学习中的被动接受对象。相应地,教师的地位也发生了改变,他们不再是知识的讲授者,而是学生学习的辅助者,在学习过程中,教师的任务就是根据教学内容、学生的认知水平,为学生提供相应的学习资料并引导学生发现问题、回答问题,从而激发学生的学习兴趣,促进学生的学习动机,教会学生如何进行正确的学习。在 PBL 教学模式下,学生主动学习,完成知识的构建,并合理运用知识,培养学生的自主学习能力、思维能力、团队合作能力、收集和查找信息的能力、组织能力、分配时间的能力、传播信息的能力,让学生结合自己的个性、需求去学习,从而帮助学生透彻理解知识,实现学以致用。

4. 小组合作

小组合作是 PBL 教学模式的主要形式,一般以 4~6 人为宜,成员能充分发挥个人的智力水平,共同协作提出解决问题的最佳方案。在共同学习的过程中,学生在教师的指导下运用手机、计算机、图书馆等各种途径获取有利于问题解决的纸质或者电子资料,并在组内、班级内进行讨论与交流,学习新知,达到知识吸收、转化和迁移的目的。小组合作的流程为:异质分组—接收任务—组内讨论—班内汇报。在分组环节,强调组员间的异质性,从而发挥组内成员的优势和特点,为更好地解决问题集思广益;在接受任务环节,以组为单位接受任务或问题,学生根据任务或问题查找相关资料,为接下来的讨论奠定基础;在组内讨论环节,学生结合相关资料发表自己的观点,教师则对学生的合作讨论作出相关指导；在班内汇报环节，即学习成果的总结和展示环节，通过全班的交流与合作，探讨解决问题的多种可能。因此，小组合作是学生在解决问题的过程中，需要教师和其他同学的帮助，从而锻炼学生的沟通交流和团队协作能力。

（三）PBL 教学模式的优势

1.强化能力培养，促进师生共同成长

运用 PBL 教学模式的课堂中，对教师和学生的能力都有一定的提升作用，能促进师生在教与学的过程中共同成长。

就学生而言，第一，增强了学生的问题意识，锻炼了学生解决问题的能力。教师在运用 PBL 教学模式过程中，通过问题情境的引导，依托学生感兴趣的问题展开教学，学生能设身处地地思考问题，积极探索解决问题的方案，达到最终解决问题的目的。第二，提升了学生的自主学习能力。在问题解决的过程中，学生需要提前查询相关材料，为下一个阶段的小组合作讨论做准备。第三，强化了学生的小组合作能力。小组合作是 PBL 教学模式运用中的关键环节，通过此环节，学生才能最终解决问题，培养学生团结协作的能力，使学生能更好地融入集体生活。

就教师而言，第一，强化教师的问题意识。PBL 教学模式以问题为导向，要求教师在具备扎实的理论知识前提下，能将知识点与问题有效衔接，从而引导学生开展新知识的学习。第二，强化教师的随机应变能力。PBL 教学模式有学生自主学习和小组合作学习两个阶段，涉及学生在解决问题时需教师及时为学生提供相关帮助。第三，强化教师的总结归纳能力。PBL 教学模式最后呈现解决问题的结果，需要教师对各组的学习成果进行点评归纳，在此过程中，教师要对学生的学习结果及课堂表现作出中肯的点评。

2.活跃课堂气氛，帮助学生融入课堂

在 PBL 教学模式下的课堂中，课堂气氛良好，既能帮助学生更好地融入，也能让教师发挥更大的引导作用。

就学生而言，在课堂开始，教师通过问题情境的假设，使学生查找相关资料、思考相关问题，然后通过小组合作环节进行讨论、总结发言等，

进一步调动学生的学习积极性,让课堂氛围保持较活跃的状态。学生能在问题和小组合作的引导下更加投入课堂,激发自身的学习动机,满足自身的兴趣点。

就教师而言,教师可以从紧张的课堂讲解中解放出来,经过课堂间创设情境、小组讨论、班内汇报等环节,将课堂气氛变得轻松,教师在此过程中也更有信心。同时,课堂上的引导与组织锻炼了教师的组织能力,加强了师生之间的交流与沟通。

3. 转换师生关系,突出教师引导作用

PBL 教学模式的运用转化了教师与学生的关系,强化了学生的主体地位,更加突出了教师的引导作用。

就学生而言,在预设的教学情境中,提出学生感兴趣的问题,进而开展相关的教学活动。在问题的引导下,经过资料收集等自主学习、小组合作学习等环节,学生逐渐成为学习过程中的主体,开始独立自主地解决问题,完成相关知识点的探究学习。因此,自主学习是 PBL 教学模式的重要指标,能不断强化学生在学习过程中的主体地位。

就教师而言,PBL 教学模式下教师的引导作用更加突出。教学过程中,教师借助问题不断引导学生进入下一环节的教学活动,从而达到学生独立解决问题、完成小组合作、学习新知识点的目的。在学习过程中,教师要给予学生及时的引导,帮助学生获取适合自己的学习方法与策略,引导学生坚持下去,不断强化学生在学习中的主体地位,使学生的学与教师的教能形成一个良性循环,不断促进学生的学习主动性。

4. 评价方式多元,利于学生清晰定位

在 PBL 教学模式的课堂中,评价不仅注重学生解决问题的结果,也注重学生如何解决问题,形成对学生学习的过程性评价和结果性评价。

就学生而言,对学生的评价不仅要依靠教师,更要依靠学生自身和学生与学生之间的评价。通过全方位、多层次的评价帮助学生更加了解自己的学习成果,帮助学生对自己有更加清晰的定位,从而能更好地学习知识、解决问题。

就教师而言,依托课前、课中、课后的评价体系,更加全面地了解学生,规避仅依靠成绩评价学生的弊端,在生生互评、师生互评的过程中能更加了解学生的成长,有利于教师为学生的成长提出更有效、合理的

建议,促进师生之间的共同成长。

（四）PBL 教学模式在《企业会计实务》课程教学中的应用设计

1. 设计原则

（1）启发诱导原则

启发诱导原则最早是由我国教育家孔子提出,他认为在教学中要引导学生去思考,在适当的时候开导学生,使学生获得进一步的领悟。要想将 PBL 教学模式运用于高校《企业会计实务》课程中,首先,教师要充分发挥自身引导性,借助问题激发学生学习兴趣,提高学生的学习注意力,让学生有更强的动机参与到新知识的学习中。因此,启发诱导的原则在 PBL 教学模式落实的过程中显得至关重要。其次,教师要创设问题,引导学生学习。学习要在一定的情境中完成,再结合 PBL 教学模式中的核心要点"问题"去调动学生学习的积极性。最后,教师在教学过程中应起到掌控全局、抓住主要问题的作用,发挥教师的辅助作用,保障学生的主体地位,留给学生充足的思考时间,这一环节注重"教"和"学"的比例。

（2）理论联系实际原则

在本书中所强调的高校《企业会计实务》教学过程中,理论与实际的结合从两个方面去论述。一方面是问题与理论、实践相结合,问题是理论与实际相联系的媒介,在问题的提出、解决过程中要紧密联系教材知识点和学生的实际生活,帮助学生完成知识点的学习;另一方面是学生将知识运用到实际生活中。这里主要说明的是通过 PBL 教学模式,学生对知识的掌握真正达到了从实践中来、到实践中去,做到了本质意义上的学以致用,让学生学到的知识能切实解决生活中的问题,服务自己的生活。

（3）学思并重的原则

"学思并重"是孔子的观点,意味着学习和思考同等重要。论语中说:"学而不思则罔,思而不学则殆",强调思和学是相互依存的关系。PBL 教学模式通过问题引导学生在解决问题的过程加入自我思考。在思考的过程中,学生也需要通过不断补充自己的知识,寻找解决问题的突破点。因此,在高校《企业会计实务》课程中运用 PBL 教学模式时,教师要通过问题引导学生学会思考、学会查找资料、补充知识,在学习新知识和积极思考的过程中,更好地解决相关问题。

2. 教学流程

结合相关研究,可以将 PBL 教学模式实施的流程(图 5-1)由提出问题、解决问题、归纳总结三个主干部分构成,在此过程中,教师和学生都有其对应的活动。

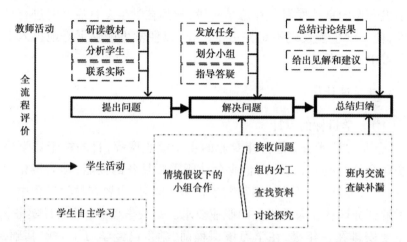

图 5-1　PBL 教学模式流程图

由图 5-1 可知,PBL 教学模式主要包含三个环节。第一环节:提出问题。该环节的主力军为教师。教师在分析教材、学生学情、联系实际的情况下,提出符合实际生活情境的问题,供学生学习新知识时讨论。第二环节:解决问题。该环节的主力军是学生,他们需要自主解决问题,获取新知识,构建新旧知识间的联系框架。学生在教师的辅助下,了解待解决的问题,并结合一定的标准成立学习小组。在学习小组划分完成后,学生需要接受教师发放的任务,在组内完成分工,然后借助网络、教材以及其他教辅书籍查找相关资料,并在组内进行讨论,探究解决问题的方式、方法,最终得出集各小组成员智慧的解决方案。教师在此过程中,及时为学生提供相应的帮助,以便及时解决问题。最后一个环节:总结归纳。本环节中,各小组在班级内部就解决问题的方案进行展示和交流,对本组的方案进行查缺补漏,不断完善知识的框架。教师则对学生的方案作出评价,帮助学生更好地解决学习中遇到的困难,进而促进学生理解和掌握知识。在 PBL 教学模式实施的过程中,全流程的评价伴随其中,这些评价能有效地检验学生在学习中的状态,使教师和学生发现其中存在的不足,以便及时解决。

对于高校《企业会计实务》而言,教师在课程开始前应仔细研读教材,并结合实际的企业会计业务,寻找适合提出问题的情境,引导学生提出问题。在问题提出和情境构建好的情况下,引导学生围绕问题寻找材料,为后期的小组合作讨论奠定基础。在小组讨论合作环节,教师要给予学生一定的帮助,而在分工协作、谈论解决等环节,教师要积极引导小组合作的良性发展。在总结阶段,教师在学生发言后及时进行评价反馈,便于学生能发现不足并尽早改正,以便学生能够更好地投入下一轮学习中。

3. 教学设计

(1)教学目标的设计

《企业会计实务》是会计专业的主干核心课程,目的在于让学生了解企业会计基础知识,明白企业会计所需要具备的技能,学会核算会计账目、填写装订会计凭证、编制财务报表。同时,也要在教学过程中让学生了解到会计从业人员相关的职业要求。高校学校《企业会计实务》课程主要安排在一年级,在学习该课程前,学生已经学习了一些基础课,如《基础会计》等。学完《企业会计实务》课程后,学生还会具体再学《建筑企业会计》《经济法》等相关课程。结合高校会计专业教学标准,该专业学生能在日后工作中从事企业收银服务工作、小型制造企业成本核算工作、小型服务企业会计核算工作。在接续专业上,高校中的会计、会计电算化、财务管理、会计与审计和本科的会计学、财务管理、审计学都是学生的不错选择。

高校教育就是要切实提高学生的综合职业能力,因此其培养目标包括以下三个方面:职业素养、专业技能、专业知识。

①职业素养。职业素养是指人类在社会活动中需要遵守的规范性,是个体社会性的体现。会计人才作为社会众多行业人才中的一员,也有结合专业要求的职业素养,职业素养也将映射出职业的信念。根据会计学校会计教学标准可知,专业学生要严格遵守会计行业法律法规和企业制度规范,在学习中培养学生爱岗敬业、诚实守信的会计职业精神,同时,在生涯规划课中了解会计职业生涯发展要求,在现实条件下作出职业规划,培养正确的就业观。会计从业人员也归属于服务业,在学习的

过程中,学校要注重培养学生的人际交往能力、沟通协调能力、团队合作能力和服务意识。在 PBL 教学模式下,学生通过小组合作能培养其团队合作能力、沟通协调能力。

②专业技能。对于专业所学,技能也是至关重要的。在院校培养的过程中,学生应在课程的引导下,掌握点钞、会计数字书写等会计基本技能,能进行小企业会计业务核算、会计电算化核算等工作。在专业技能的培养方向上,可以将学生培养为企业会计或会计服务人员,使学生既能进行相关的核算业务,也能从事企业财经文员、信息统计和整理、办理采购招标、撰写商务文案和会计基本文书的工作。

③专业知识。在高校会计专业教学的过程中,不仅要培养学生的职业素养,更要丰富学生的专业知识。对于专业知识的学习,应遵从由基础到深化,学生首先需要理解会计的基本概念和相关专业术语,熟悉与会计职业相关的财经法律法规,掌握会计基本核算方法、会计政策等知识。将 PBL 教学模式引入后,在《企业会计实务》的依托下,增加学生的专业知识,为后续实习实践打下坚实的理论基础,从而使学生的专业知识能学有所用。

（2）问题情境设计

问题情境设计环节注重的不仅是问题,还要关注到情境。问题情境的优化呈现,能推动 PBL 教学模式的顺利开展,能在课堂的开始吸引学生的注意力,为教学课堂的圆满完成打下坚实的基础。结合前文对于"问题"阐述、《企业会计实务》教材的研究及企业会计实际业务,所创设的情境紧密结合企业会计的实际工作过程,始终以一个公司案例将知识点贯穿其中。同时,考虑到高校学生基础较薄弱、接受知识速度较慢的特点,教师会预设符合情境的问题,该问题大多呈现良构性,能更好地引导学生学习新知,少数呈现劣构性,便于激发学生的思考。

①教学情境。教学情境的设计是为了教师能在教学过程中更加自然流畅,更有针对性和实践性地在 PBL 教学模式实施过程中提出问题。提出问题的情境要求轻松自然,能引导学生对课堂产生兴趣,使学生能联系实际生活去思考问题。此过程中,可以借助有趣的视频、图片和硬件资源,或者真实存在于大家生活中的热点问题来展开。

教师应在每堂课中设定相关问题情境,引导学生作为情境设置中的中小公司财务人员学习新知识。对于学生难以理解的知识点,教师应为学生创设企业业务情境,结合具体案例,辅助学生学而思,帮助学生能在实际中思考和解决问题。再通过案例和教学内容的结合,提出具体的教学情境,引导学生能在该情境下去解决问题、学习新知。

②预设问题。PBL教学模式的基本要素之一就是问题,在PBL教学模式开展之前,要注意问题的设计,这些问题既要具有可操作性及可解决性,又要满足情境性与系统性。教学问题不是一成不变的,既要注重与真实生活、情境相结合,也要关注学生的学习需求,把学生遇到的难点转化成问题。考虑到高校学生较弱问题意识和教学的重难点,应基于《企业会计实务》教材知识,对教学过程中的问题进行相关梳理。

(3)小组合作的设计。小组合作也是PBL教学模式中的重要一环。教师对小组合作进行设计显得至关重要。小组成员在课上充分理解教师提出的问题并查阅相关资料,通过小组讨论后整理需要的资料,找到能使用的材料在组内进行分享。资料的简单筛选和讨论后,对资料进行加工,以便于解决问题,最后对使用到的资料进行整理和收集,并形成相关解决问题的方案,在班级内部进行相关展示。结合《企业会计实务》这门课程,在小组成员的分工上要结合会计在企业实际工作中的具体职位来分配。

组建小组团队的过程中,教师引导学生考虑各自的特长、个性、男女比例等因素自由组合,同时教师要对学生组建好的团队给予适当调整,使学生的团队组建得更加合适、合理。合作时,其内部拟定职位相对固定,但是担任该职位的同学在每4个课时进行轮转,使每位学生都能在协作时了解不同职位上的职能要求和职能应具备的专业知识。

(4)教学评价的设计

教学评价是依据教学目标对教学过程及结果进行判断,其评价结果对于教学的优化起到一定的指导作用,是教学过程中必不可少的环节。因此,在本书中要注重在遵循整体性、发展性、可操作性原则下设计教学评价。面向PBL教学模式下的教学评价设计,在评价主体上注重教师和学生,要完成教师评价、学习者自我评价、学习者间的相互评价;在教学评价的时序上,应该要侧重诊断性评价、过程性评价、总结性评价。

(5)教学流程的设计

该教学流程共涉及三个主要环节:结合情境,提出问题;划分小组,解决问题;结果呈现,班内分享。三个环节均涉及教师、学生,且有小组合作环节,而评价将贯穿于学习过程的始终。结合第二节中PBL教学模式流程和课程《企业会计实务》的内容和教学需求,将PBL教学模式运用于高校《企业会计实务》课程的流程需要再细化,应紧密结合课程特点开展教学流程设计,其流程图如图5-2所示。

①创设情境,提出问题。课前,教师研读教材《企业会计实务》,寻找能与PBL教育模式衔接的知识点,预设与知识点相关问题。同时,在分析了学生的学习情况和学生实际生活现状后,提出合乎现实且与知识点匹配的教学情境,引导学生能结合自身现实经验去思考问题。课中,教师借助PPT、视频等多媒体手段呈现教学情境,并在合适的时间将问题抛出,指引学生积极主动地去寻找资料、解决问题。这样才能将学生的注意力集中到课堂中,确保知识点理论与实践的结合。

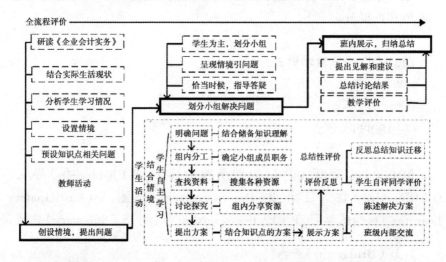

图 5-2　PBL 教学模式运用在高校《企业会计实务》课程中的流程图

②划分小组,解决问题。知识的学习不再是单一的搬运,固定的教学形式已经难以满足对知识的传授,因此在教学过程中,需要结合新的形式去完成知识的教与学。在PBL教学模式下,小组合作能有效地引导学生自主思考和学习,让学生在组内的沟通和协调过程中完成对问题的探究与知识的学习。

在分组过程中,以学生意愿为主,教师结合教材内容、班级内人员结构、企业会计的具体岗位职责适当去完成小组成员数量、班内组数的安排。在解决问题的过程中,学生处于主体地位,小组内部根据教师所给出的职位提示,自行完成组内分工,并进行资料的收集,从而更好地解决问题,并在讨论后形成问题解决方案。教师处于主导地位,在小组讨论过程中适时提供相关指导,使学生在解决问题中能尽快获得回复。

③班内展示,归纳总结。结果呈现也是 PBL 教学模式中的一个重要环节,该环节是在问题解决后,以小组为单位在班级内部展示,并解答其他同学或教师提出的疑问。通过结果汇报和组间交流,促进学生完成知识内化及吸收,以发展学生的沟通协作能力。这一环节中既可以让各小组总结讨论过程中的优点与不足,同时也能让他们听到其他组成员和教师的评价,从而使他们在交流中不断完善自身知识构建,优化小组解决方案,更好地吸收知识。通过该环节的展示,需要完成教师对学生、学生对自身、学生互相之间的评价,而且这个评价贯穿课堂的始终,不仅注重结果性评价,也注重过程性评价,促使学生在学习的过程中能进行反思和再提升。

四、BOPPPS 教学模式

(一)BOPPPS 模式

BOPPPS 教学模式共包括六个教学环节:B(Bridge-in)导入、O(Objective)教学目标、P(Pre-assessment)前测、P(Participatory Learning)参与式学习、P(Post-assessment)后测、S(Summary)总结。

1. B(Bridge-in)导入

课堂导入,顾名思义,是在课程正式开始前进行的活动,教师可以通过视频、动画、故事以及热门话题等多种形式完成课堂导入,而这些不同的形式都有一个共同的目标,就是将学生的注意力吸引到课堂相关知识上来,在生动有趣的导入环节中,吸引他们对即将学习的知识的好奇,激发他们继续学习的兴趣。导入内容应尽可能简明扼要,要强调课程内容与学生现有知识或未来生活工作中可能遇到的实际问题之间的有效联系。

2. O(Objective)教学目标

这一环节的目的是让学生明晰本节课的学习目标,便于学生掌握学习的重点。通常,教师可以通过板书、PPT 等方式呈现给学生。教学目标涵盖三个方面,分别是知识与技能、过程与方法、情感态度与价值观,这三个方面各有侧重,但又层层递进。这些教学目标要立足于学生进行合理设定,应具有明确、适当、可达成和可测量的属性。

3. P(Pre-assessment)前测

这一环节也称为"课前摸底",其目的是了解学生对本节课的兴趣及先备知识的储存量,以便调整后续教学内容的深度与进度,以更好地实现教学知识的正迁移,让课程的目标更加聚焦。课前测试的方法通常有师生一问一答、临时小测验、小组讨论等。

4. P(Participatory Learning)参与式学习

参与式学习是BOPPPS教学模式的核心理念,即在教学过程中坚持以学生为中心。在向学生讲解关键知识点(如概念、重点、难点等)后运用个人报告、小组讨论、角色扮演、实践推理、案例研究等丰富有趣的教学方法引导学生参与到教学过程中来,无意识地实现教学一体的目标,在学生通过各种活动积极表达自我观点的同时,不断强化他们对所学知识的认识,同时提高他们的语言表达能力和合作技能等。

5. P(Post-assessment)后测

这一环节是判断学生是否达到预期教学目标的一个重要环节。该阶段的目的是验收学习成果。课后测试是对教学效果的评估,常见方式有测验习题、回答问题、动手操作、知识总结汇报等,通过这些方式了解学生的知识掌握情况,反思教学问题,及时调整教学设计,从而更好地达成教学目标。

6. S(Summary)总结

总结是最后一个环节,即对零散的知识进行梳理,形成系统的知识脉络,便于学生记忆。与传统的教学模式不同,BOPPPS模型强调发挥学生的主观能动性,由学生自主完成知识的总结工作,而教师只能是提点和引导。在具体操作过程中,通常可以让多名学生进行总结,互相补充,然后教师再强调重难点。

（二）BOPPPS 模式的理论基础

1. 人本主义学习理论

人本主义学习理论是建立在 20 世纪五六十年代由美国兴起的人本主义心理学基础上的，主要代表人物是美国著名的心理学家马斯洛和罗杰斯。人本主义强调心理学将人作为一个整体来研究，而不是划分为几个部分。人本主义学习理论将受教育者的全部成长历程看作一个整体，注重感受学习者的个人感知、情感、理想和信念等高级心理活动，强调以学生为中心，通过构建学习情境，让学生从自身的角度去感知世界、认识世界，进而实现自我。

人本主义学习理论强调要为学生创造一个可以让学生实现自我感知的良好环境。BOPPPS 教学模式中的前测和参与式学习这两个部分充分强调学生的主体地位，结合学生的认知结构和心理特点创设学习环境，激励学生充分参与到课堂中。前测部分，教师对学生本节课相关知识的储备量和掌握程度进行测试，结合测试结果引导学生利用自己的认知和经验去学习本节课的知识，教师也可据此调整教学计划。参与式学习部分，教师通过组织各种课堂活动，为学生创设一种以自己为主的学习氛围，并通过不断对学生的鼓励和肯定让其参与其中，让学生能够从自己的角度去理解和掌握知识，进而实现有意义的学习。在这两个部分中，教师都只是扮演着一个引导者和促进者的角色，重视的也是教学过程和教学方法，学生利用掌握的学习方法自行决定如何学习。

2. 学习风格理论

学习风格由赛伦在 1954 年首先提出。学习风格理论认为，学习者在受到自身特有的家庭、学校和社会文化的影响下，经过长期学习会形成学习风格，这种风格一经形成便具有较强的稳定性，且在学习内容和学习环境等外部因素变化时也不会轻易改变。

学习风格是学生在学习过程中习惯使用的一种学习方法和学习策略，是学生个性化的体现。BOPPPS 教学模式的导入、参与式学习、后测和总结这四个环节都强调教师在充分了解学生学习风格的基础上因材施教。导入环节，教师会搜集学生喜闻乐见的多媒体资料，利用这些与所授内容相关的资料在课堂的刚开始就牢牢抓住学生的眼球。参与式学习环节,教师会根据学生的认知特点和学习风格开展多种多样的课堂活动,努力为学生营造课堂的舒适区,让其能够获得更加良好的课堂体验。后测环节,教师会采用符合高校学生学习特点的游戏环节进行测试,让学生在轻松的游戏中检验自己的知识掌握程度,及时查漏补缺。总结环节,教师采用学生总结、教师补充或者构建思维导图的方式进行课堂小结,既保证了学生的主体地位,又让学生获得了学习的满足感。

3. 参与式教学理论

参与式教学理论最初起源于20世纪五六十年代的英国,它发展之初是在国际性援助中总结出来的社会学理论,后面逐渐应用于教育学领域并发展成了教学理论。其主要代表人物有苏霍姆林斯基、戴尔、彼得克莱恩等。参与式教学理论指出师生要共同构建民主、和谐、轻松的课堂氛围,能够让有着不同基础的学生都有机会参与其中。这种合作式的教学氛围鼓励多向交流,即教师与学生、学生与学生在教学过程中能够破除阻滞,保持顺畅沟通,确保知识的正确快速传达。通过多向沟通交流不仅能够实现学生对知识的深入理解和全面把握,而且能够将其运用到现实生活中。

参与式教学理论强调以学生为中心。BOPPPS教学模式的参与式教学环节通过开展各种各样的课堂活动吸引学生参与其中,学生作为整个活动的中心,既可以在参与中培养自己的学习兴趣,又可以培养自己的主人翁意识。同时,这种轻松的合作式教学氛围,让不同层次、不同水平的学生都可以参与其中,让学生在参与中实现成长,进而获得学习的满足感。可见,参与式教学理论可以有效促进学生学习的主动性与参与性。

4. 合作学习理论

合作学习理论最初起源于20世纪70年代的美国,其主要代表人物有默顿、布莱克等。合作学习是指为了实现共同目标,小组成员间有明确分工的一种互助性学习方式。合作学习不同于物理上的简单抱团,而是小组成员充分发挥各自的优势,通过合作互助,填补彼此的短板,在每个人学习成绩进步的同时,自然而然地带动团体的进步。

合作学习理论强调以小组或团队合作的形式完成教学任务。

BOPPPS 教学模式的参与式环节强调教师以小组合作的形式开展教学活动。教师在课堂上创造学习情境，建立合理的合作学习小组，但组内学生数量应该适当，要涵盖不同层次水平的学生，分工要明确，这样学生才能在小组合作中实现教学目标。总之，合作学习不仅培养了学生的协作和沟通能力，还可以实现有效的同伴效应。

（三）BOPPPS 模式在《初级会计实务》课程教学中的应用设计

1.BOPPPS 模式的教学设计原则

（1）提高学生的课堂参与度

有很多学生在学习《初级会计实务》课程时遇到不会问题会主动向教师求助，却很少有学生主动在课堂上积极地回答教师提出的问题。这种情况的出现是因为学生对教师提出的问题没有完全准确的把握，害怕答错问题惹同学的讥讽。所以，教师提问问题的下一步并不是等待学生的回答，而是明确表达鼓励学生自信、宽容和谅解学生错误的意思，让学生认识到即使在回答问题时出现错误并不可怕，在错误中也可以学习到知识，而且印象更加深刻；同时，要教育学生对于其他同学出现的小问题不应该嘲笑，而是要进行自省，看是否有同样的缺漏，这样大家才能共同进步。教师在课堂上进行互动环节时要充分肯定学生，不断鼓励学生积极参与其中。此外，教师还要尽可能多地开展各种各样的课堂活动，创设学生学习的舒适区，不断给学生创造参与课堂的机会，有效提高学生的课堂参与度。

（2）灵活分配

BOPPPS 教学模式六个教学环节应根据教学内容和学生水平调整时间配比。BOPPPS 教学模式将课堂时间分配成六个阶段，而高校学生的课堂通常是 45 分钟，如果将一节课平均划分，势必会出现重点不突出、教学形式化严重等问题；如果将课堂每个环节的时间固定，随着教学内容、授课类型的改变也会不可避免地出现无法完成教学任务或者缺乏足够的时间开展所有环节的现象。所以，在利用 BOPPPS 教学模式进行教学设计时，教师要根据学科特点、教学内容、授课类型等及时调整六个教学环节的时间分配，六个环节的顺序也并不是一成不变的，要根据教学需要及时调整，有些环节可以实际教学进行重合或者删减。同时,在进行教学设计时并不是只能使用 BOPPPS 一种教学模式,在融入 BOPPPS 教学模式的同时也可以引用其他的教学方式、方法,如雨课堂、翻转课堂、慕课、行动导向法等,教师要根据教学实际需求灵活进行教学设计。

（3）强调学生的主体地位,激发学生的学习兴趣

当前《初级会计实务》的很多授课教师采用的还是传递—接受式的传统教学方法,这种教学方法虽然可以有效保证课堂教学的进度,让学生在短时间内接收大量的信息,但是也有部分学生表明这种模式下的课堂教学枯燥乏味,这是导致他们课堂参与度不高的重要原因之一。传统教学课堂忽略了学生的主体地位,所以教师运用 BOPPPS 教学模式进行《初级会计实务》教学设计时,要牢牢把握学生是教学的中心这一核心理念,要重点开展参与式学习,在有趣的活动中不知不觉地引导学生沉浸于课堂。在导入环节,教师可以挖掘生活中的会计业务、身边的会计故事等,用学生熟知的经济业务引发学生思考;在教学目标环节,要让学生明确本节课的学习目标,为学生接下来的学习活动指明航向;在前测环节,要根据测验结果及时调整教学计划,要将学生的需求作为开展教学的重要依据;在参与式教学环节,重点是良性互动和交流,教师与学生的互动、学生与学生的互动都是应有之义,在互动中引导学生自己探索知识、认识世界;在后测环节,采用游戏模式进行测试,让学生在轻松愉快的游戏中进行查漏补缺;在总结环节,要以学生总结为主,不断提高学生总结归纳的能力。教师在利用 BOPPPS 教学模式进行《初级会计实务》教学设计时要强调学生的主体地位,通过参与式学习激发学生的学习兴趣,不断提高教学质量。

（4）构建合理的学习小组,打造活力课堂

提高学生参与度、促进师生互动、生生互动、创造充满活力的课堂是 BOPPPS 教学模式中参与式学习环节的重要任务。完成这些重要任务通常要依托小组合作的形式。所以,参与式课堂的创设要建构合理的学习小组,组内学生数量要合理,一般适合 5~6 人,人数过多时,考虑到有限时间和管理等因素,信息沟通容易混乱,不利于发言人全部才华的发挥,也不利于相对方快速接收和精准理解,人数过少则达不到知识的聚集,很难出现思维碰撞的火花,共同进步的效果也很难实现。教师在进行分组时,既要考虑到人数,也要考虑到每位学生的知识基础、学习能力和个性特征的差异,使得每组有不同数量的 A 级、B 级和 C 级学生,

形成组合最优解,这样优化分组结构可以有效实现组内成员的优势互补。在进行学习活动时,应明确分工,避免有人浑水摸鱼。集体协作学习可以帮助学生进入一个有意义的自主、协作和探索性的学习环境中,可以不断提高学生的独立思考能力和实践能力,从而构建合理的学习小组,打造活力课堂。

2. 基于 BOPPPS 模式的《初级会计实务》课堂教学策略

（1）导入

导入通常会安排在课堂的最开始,即在课程开始就牢牢抓住学生的眼球,吸引学生的注意力、激发学生的学习兴趣,在引导学生进行思考的同时引出本节课学习的核心内容。导入的方式要根据学科内容特点、教学内容的需求、学生的喜好等进行设计,通常可以采用回顾上节课的知识或者利用本节课知识点直接导入、播放相关多媒体资料进行导入、创设相关情境导入等。导入方式既要简短,又能够提高学生的注意力,力求在最短的时间内帮助学生进入学习状态。

（2）教学目标

学生能够明确本节课的教学目标,知道本节课要学习什么是学生自觉投入课堂教学中的重要前提之一,是学习方向的导航,也是认真学习的动力,所以不仅教师要清楚学习目标,学生也要了解。学习目标的设计主要从知识与技能、过程与方法、情感态度与价值观三个维度展开,明确教学目标既是进行教学设计的重要前提,也是展开教学评价的重要依据。

（3）前测

前测环节是为了通过测试了解学生对相关知识的掌握程度,方便教师及时调整教学计划,并帮助学生实现知识的正向迁移,同时也有利于学生根据测试结果及时调整自己的学习状态,结合学习目标更有效地开展学习活动。前测可以通过教材配套的测试题进行课堂测验,也可以在前测环节融入翻转课堂的设计,如可以将翻转课堂放在自习时间,一周抽两个时间段集体播放一个小片段,让学生集体完成前测任务,这样既可以让教师了解学生知识水平,又可以节约课堂测验时间,为其他五个教学环节的开展空出更多的时间。

（4）参与式学习

参与式学习是 BOPPPS 教学模式的重中之重,在开展本环节教学时占用课堂时间是最多的。参与式学习环节在设计时要明确学生的主体地位，通过开展各种各样的课堂活动，丰富课堂形式和内容，使得学生在参与活动的同时学习知识，这种主动性的参与能够让学生对知识的理解和记忆程度更高。参与式环节可以采用小组合作学习的方式开展教学，既可以培养学生的沟通合作能力，也可以充分发挥学生间的同伴效应。参与式学习环节的课堂活动可以采用情境教学、小组讨论、小组竞赛、上台操作演示、问题探究式等方式进行开展。BOPPPS教学模式进行教学设计时要结合学科特点、教学内容实际需求、学生认知水平有效融合优秀的教学资源与方式方法，为学生积极参与课堂提供优质的外部条件，在这个磨合的过程中，提高教师的教学质量。

（5）后测

后测是为了检验学生对本节课所学知识的掌握程度，使无形的学习效果实现有形化，在后测过程中暴露学生学习的缺漏，从而帮助学生有针对性地查漏补缺，高效完成知识的巩固。同时，后测的结果在某种程度上也代表了教师的教学效果，也可以帮助教师调整和完善教学计划。后测环节的设计要结合教学目标的三个维度进行设计：知识与技能方面，可设计测验题目或者实操展示；方法与过程方面，可在课后开展检验相关能力的活动或者布置利用相同学习方法完成的学习任务；情感态度与价值观方面，可利用相关事件让学生畅谈感受与想法。

（6）总结

总结有利于学生及时对本节课所学内容进行回忆与巩固，是学生开展下节课知识学习的基础。总结环节是BOPPPS教学模式的最后一个环节，在课堂结束后教师应留下一定时间，鼓励学生自行总结归纳，其他学生和教师进行补充，也可通过提问方式引导学生分享学习感受；若课堂时间不充足，可以通过布置课后测试题或者让学生通过画思维导图的方式梳理知识脉络，有效培养学生思考总结的习惯和建构知识体系的能力。

第三节　会计专业实践教学"双师型"师资队伍建设

一、"双师型"教师的概念与理论基础

(一)"双师型"教师的概念

"双师型"教师最开始是职业教育需要培养应用型、技能型人才而对专业课教师提出的要求。如今,国家为促进职业教育发展、加强教师队伍建设,将"双师型"教师作为提升职业教育师资力量的主要抓手和突破点。

早年间,学术界对"双师型"教师的内涵有多种解读,主要包括以下几种。

"双职称"说,指同时具备教师系列中级职称和工程系列或技师系列的中级职称,如"讲师 + 工程师"。

"双证"说,指高校教师要么同时具备毕业证书和职业资格证书,要么同时具备教师资格证和职业技能等级证,以此证明教师取得了来自两个行业的认证资历。

"双来源"说,指师资队伍包括校内专任教师和行业企业兼职教师两班人马。

"双素质"说,亦是"双能力"说,主要强调高校教师需同时具备理论教学能力和实践操作能力。[①]

《国家职业教育改革实施方案》(国发〔2019〕4号)将"双师型"教师实义为:同时具备理论教学和实践教学能力的教师。2022年,教育部办公厅印发的《关于做好职业教育"双师型"教师认定工作的通知》中,首次推出国家层面的职业教育"双师型"教师的基本标准,在宏观层

---

① 龚婷婷.浙江省高校"双师型"教师的现状和优化对策[D].杭州:浙江工业大学,2009.

面上提出"双师型"教师的认定标准,包括思想政治素质、师德素养、教育知识、技术技能、产教贯通、理论教学、实践教学等能力和企业行业工作、生产服务一线工作等经历,从"双师型"教师的准入门槛可以看出,理论知识教学水平和技术实践教学水平是衡量"双师型"教师的重要指标。徐颖在相关研究中提出,"双师型"教师不应简单地等同于"双职称""双证书""双来源""双能力"的任意一种,高校"双师型"教师不仅应该具备普通高校教师基本的职业素养,还应该具备相关行业企业从业人员的基本素质,掌握相关行业的基础知识和实践技能。她还提到,"双师型"教师是一种素质机构的体现,而不是素质层次,它不等同于高端人才,而只是高校教师的一个基本职业素质特征。[1]

综上,"双师型"教师是综合具有理论教学能力和实践教学能力,做到专业能力出众与技术技能擅长,具有较高的政治思想素质和师德师风素养,爱岗敬业、关爱学生的教师。

(二)"双师型"教师的理论基础

1.教师专业发展理论

教师专业发展是教师个体通过接受专业训练和自身主动学习,不断接受新知识,增长专业能力的历程,强调个体的专业发展,自主性、阶段性、连续性、情境性、多样性是教师专业发展历程所具备的显著特点。[2]首先,教师专业发展的自主性表明教师作为教师实施的主体,应当要有充分的自主专业发展的意识,认识到自我专业发展的重要性,努力将外在环境中或积极或消极的因素转换为自身专业发展的动力,发挥教师个体的主观能动性,不断寻求自身专业发展的机会,是教师专业发展的前提和基础。

其次,教师的专业发展既有明显的阶段性,也有连续性,事物的发展总是呈现螺旋上升的趋势,教师专业发展的过程伴随着机遇与曲折,既会向上发展,也会有停滞与低潮;教师要促进自身发展也需要进行持续

① 徐颖.高校"双师型"教师队伍建设:内涵变迁与实践意义[J].中国职业技术教育,2017(24):81-86.
② 罗蓉,李瑜.教师专业发展:理论与实践[M].北京:北京师范大学出版社,2012.

的学习与进修,以保障教学知识和能力符合时代的需求。

再次,教师专业发展需要依靠实际的教育实践环境,教师需要不断反思自身的教学理念与教育行为,与同事、家长、专家等协同构建教师成长共同体,实现教师的专业成长。

最后,教师专业发展还体现在复杂多样的教育活动中,教师的工作具有传道授业解惑的多元复杂要求,既要注重知识技能的传授,更要兼顾认知、情意各方面的发展。

2. 工作要求—资源理论

工作要求—资源理论是万吉丽娜·达米鲁提(Evangelia Demerouti)整合发展资源保存理论等而提出的关于组织心理学的理论,常被用于预测各种文化和职业的个人和组织结果,强调了环境和个人因素在预测与工作相关的结果中的作用。在工作要求—资源理论中,工作要求是工作对身体、社会或心理等方面的要求,需要个体付出相应的努力和成本才能完成的因素,以及工作中需要精力消耗和心理或生理成本的抑制因素(如工作量、纪律问题、时间压力等)。与工作要求相反,工作资源是能够使个体实现工作目标的要素,个体能够通过管理工作要求以及相关的身体和心理成本,使他们在工作岗位中得到成长和发展,如感知自主支持、专业学习的机会、同事间人际关系等都属于工作资源。个人资源是指个人所具备的心理或技能资源,包括个体的自我效能感、心理和情感能力等,与工作资源的作用类似,个人资源能够刺激个体成长与发展,也有学者将个人资源视作工作资源的一种。此外,在工作要求—资源理论中有两个重要前提:一是工作资源在预测个人资源方面发挥作用;二是工作资源和个人资源都可以预测个体的心理结果,因为它们促进了积极的心理功能,使个体能够更好地响应他们的工作要求。

二、会计专业实践教学"双师型"师资队伍建设存在的问题分析

(一)"双师型"教师政策体系不完善

尽管国家和地方政府越来越重视"双师型"教师队伍的建设和发展,但是在落实"双师型"教师政策时,将大部分工作重点放在了建立认定

机制上,过于重视"双师型"教师队伍的比例问题,而政策体系中缺少对"双师型"教师认定后的管理、考核、评价、评估的政策指导。因此,导致出现高校"双师型"教师管理考核等制度缺失的原因是"双师型"教师政策体系不够健全和完善。

一方面,正因为缺少国家针对"双师型"教师考核的专项政策和指导,高校普遍忽视在学校层面对"双师型"教师进行管理和考核,这不利于"双师型"教师队伍技能水平和理论知识水平的稳定,没有持续性和稳定性的机制保障,最后也很难达到国家对"双师型"教师高素质、高质量的发展目标。

另一方面,国家出台的相关政策只在宏观上提出建设"双师型"教师队伍的总体要求和目标,如推进以双师素质为导向的新教师准入制度、突出"双师型"导向的教师考核评价改革制度等。虽然在内容上有提到具体的做法,但是没有规定各省各地落实任务的指标,导致常常处于观望的状态。

此外,国家在出台的"双师型"教师队伍建设改革方案中提到:要确保教师队伍建设改革的措施,加强督导评估,要将高校教师队伍建设情况作为政府履职和高校办学水平评估的重要内容,但并没有针对"双师型"教师队伍的专项评估体系,这也是对"双师型"教师队伍考核评价机制建设不够重视的原因之一。

（二）"双师型"教师政策的执行力度不够

"双师型"教师政策的执行机构主要是国家政府、省级教育部门和高校,执行机构的整体规划布局及其执行理念对"双师型"教师政策的执行效果具有重要意义,而当前存在"双师型"教师企业实践条件不足、发展平台支持力度不足等问题的原因是执行机构未抓好落实"双师型"教师队伍建设诸多方面的规划布局,执行力度不够,执行理念仍待转变。

首先,国家政府在"双师型"教师队伍的整体规划布局中提出了具体量化指标,但是并没有落实到每个省份具象的政策指导和任务指标。比如,国家在《深化新时代职业教育"双师型"教师队伍建设改革实施方案》提出建设100家校企合作的"双师型"教师培养培训基地和100个国家级企业实践基地,但并未提及任务指标,而任务指标往往决定了省级教育部门的执行方向、行政措施和财政投入力度,这样便导致国家政策与相关教育部门的决策未形成科学有效的联动、衔接,致使"双师型"教师的企业实践平台缺乏政策保障和财政保障。

其次,相关教育部门对"双师型"教师的发展支持力度是比较弱的。从上到下的政策来看,表现为对"双师型"教师的财政投入力度不足,大部分高校对"双师型"教师给予津贴奖励,但金额不高,对教师的吸引力逐渐降低,因此应该在科研项目、技能提升、培训学习、学历提升等方面给予政策倾斜,优先满足"双师型"教师的需求,这样才能保持"双师型"教师队伍的发展态势和质量。

再者,高校也是"双师型"教师政策的执行机构之一,普遍缺乏"双师型"教师考核激励机制,主要是因为各高校没有对"双师型"教师队伍发展进行整体规划,大多采取观望模仿的执行方式,未主动地创新"双师型"教师发展机制。

最后,国家提出建立健全职校、行业、培训组织多元参与、多方协同的"双师型"教师评价考核体系,但在"双师型"教师认定机制中,行业企业人员在评审专家库中仅占极少数的比例。行业企业人员在认定标准制定及认定过程的参与度也很低,这是因为政策执行机构仍然没有转变执行理念,没有完全接纳企业行业人员融入的机制,这也是导致"双师型"教师发展支持力度不足的原因之一。

（三）"双师型"教师的效能感低,动力不足

高校教师是"双师型"教师政策的主要执行对象和目标群体,这里主要研究高校"双师型"教师政策。目前,在高校"双师型"教师政策的作用下,存在高级、中级"双师型"教师的人数少,教师梯队结构待优化等问题,主要原因是高校教师普遍存在自我效能感低、个人发展动力不足、对"双师型"教师的发展环境满意程度不高等情况。

自我效能感是人们对自己是否能够独立完成某项工作或拥有某项技能的自信程度。对于"双师型"教师而言,他们关注的是津贴福利、保障机制、发展平台、职称评聘、评奖评优是否能够获得优待条件。然而,高校普遍给予"双师型"教师在津贴福利和职称评聘方面的倾斜政策,但优待力度不足,教师往往取得初级"双师型"教师身份之后,不再往高层级"双师型"教师资格努力,学校也没有进一步的激励措施。

在职称评聘条件中,大部分高校规定"双师型"教师资格可以等同于一定时间长度的企业实践经历。比如,在某学院职称条件中,"取得自治区教育行政主管部门颁发的'双师型'教师资格证书"可以作为"具有丰富的高等职业教育、生产实践经验和高水平的专业应用能力"的条件之一,等同于"专业课教师到行业企业参加专业实践、工作实践(如实践锻炼、社会调查、挂职等)的经历累计6个月以上",一旦获得"双师型"教师身份以后,即使未完成学校规定的企业实践经历条件,也不影响教师参评职称的资格。因此,"双师型"教师资格身份在教师群体中影响力度和吸引力度不足,是"双师"自我效能感偏低的主要原因,学校应该通过教师发展中心,建立健全"双师型"教师发展规划和队伍建设方案,以"双师型"教师能力提升为师资队伍建设的主要抓手,从而提升教师群体的整体效能感。

（四）"双师型"教师政策的运行环境有待改善

"双师型"教师政策要想达到理想的执行效果,必须有良好的执行环境。执行环境主要包括内部环境和外部环境。内部环境主要指政策从研究制定到推行落实全过程的主体环境,包括政府相关部门和高校给予"双师型"教师的配套环境和设施等方面;外部环境主要是指教育系统和高校以外的大环境,包括社会认可度、人才评价方式和招聘方式等方面。

目前,从全国范围来看,"双师型"教师认定政策是比较成熟的政策体系,但仍然受到内部局限因素和外部阻碍因素的制约,从而导致了企业实践条件不足、兼职教师认定"双师型"教师人数少、高校招聘教师不设实践经历条件限定等问题。

从内部环境来看,首先,政府相关部门未发挥主导作用,未搭建区内大型的企业实践平台,"双师型"教师无法获得固定的企业实践岗位和技能锻炼,单凭学校和教师个人的力量不能完成企业实践任务,也难以保证教师实践的质量和技能的提升。其次,高校之间未能形成教师发展联盟或结对帮扶的合作形式,全区的"双师型"教师队伍发展现状并没有官方平台来公开信息,未形成共享资源,高校在政策研究和制定过程中也没有真实数据来支撑政策的可行性。

从外部环境来看,高校兼职教师大多是来自企业行业的在职人员,常年穿梭于公司和学校两个工作环境和人文环境,对高校没有归属感,对"双师型"教师认定政策不重视,甚至不了解,侧面反映出学校对兼职教师队伍重视程度不足、政策宣传也不到位等问题。还有人力资源部门、人才市场未参与落实高校编制岗位中的"固定岗 + 流动岗"教师资源配置机制,在全局上未优化编制结构和真正意义上向"双师型"教师队伍倾斜。同时,缺乏对高校专业课教师招聘条件的督导,大部分高校未能完全执行 3 年以上的企业工作经历作为引进专业课教师的招聘要求,主要条件仍是以学历和资历设限,这样导致在政策执行的外部环境阻断了企业人员成为"双师型"教师路径,无法形成校企间人才流通模式。以上便是在"双师型"政策执行环境方面对现存问题的原因剖析。

三、会计专业实践教学"双师型"师资队伍建设的策略

（一）注重内部培养,打造"双师型"师资建设的长效机制

高校会计专业的"双师型"师资建设需要打造长效机制,内部培养是其中的关键一环。通过内部培养,学校可以更好地挖掘现有教师的潜力和能力,逐步提升其专业素养和实践能力,以适应高校会计教学的需要。具体来说,可以采取以下两种措施。

其一,产学研相结合的办学思路。学校应当积极与企业、研究机构等建立紧密的联系,加强师生与实际生产、经营活动的联系,创造实践教学的机会,提升高校会计师资的实践能力。

其二,访问会计师模式。学校可以邀请具有丰富实践经验和专业知识的会计师到学校进行教学指导,引导学生通过实际操作掌握会计核算方法和会计处理流程,提高学生的实践能力。

通过这样的方式,既可以有效提高现有师资队伍的素质和能力,也可以使企业与学校的联系更加紧密,为学生提供更多的实践机会,为会计行业培养更多的实用型人才。

（二）更新教育理念,营造"双师型"会计教师队伍良好氛围

随着社会的发展,人们对高校会计教学提出了更高的要求,即需要

更多实用和能够适应市场需求的人才。这就要求高校会计教师必须具备"双师型"教师的素质。

首先，教育部门应在政策上配套相应的优惠政策，鼓励高校培养和聘用"双师型"教师，如提供奖励资金、职称评定等，以激励高校会计教师提高自身素质。

其次，学校领导层应该切实转变教育理念，更加重视和关注"双师型"教师的培养。在教师招聘、晋升和考核方面，应考虑教师的教学能力、实践能力和专业素质等多方面因素，而非单一的学历和职称。

此外，会计专业教师本身应该确立终身学习理念，不断提高自己的教学水平和实践能力，可以通过参加培训、研修、学术会议等方式，不断更新自己的会计知识和技能。

（三）通过"引进来"和"走出去"来构建"双师型"师资队伍

高校需要通过"引进来"和"走出去"等方式提升教师的教学能力和实践能力。

其一，"引进来"。学校可以通过与会计师协会、企业和其他教育机构进行合作，邀请资深会计从业者、教育专家和其他行业专家到学校授课，为教师提供专业指导和经验分享，帮助他们提高实践能力和教学水平。

其二，"走出去"。教师可以组织学生到会计师事务所、企业会计部门等单位实习，让学生接触真实的会计工作环境，了解实践应用，提高实践能力。

其三，学校还可以与其他高校建立合作关系，通过联合办学、师资互换等方式，共同提高教师教学能力和实践经验，打造更加完善的师资队伍。

（四）强调政策导向，健全"双师型"教师发展的考评激励机制

首先，政府部门应加大对"双师型"教师的政策扶持力度，如提供专项资金用于教师培训、学术交流等，为教师的职业发展提供保障。

其次，学校应建立科学合理的考核制度，对"双师型"教师的工作表现和教学效果进行评估和激励。具体可以通过教学质量评估、学术论文

发表、荣誉称号等多种形式对"双师型"教师进行表彰和奖励。同时,也需要建立健全教师职业生涯发展体系,为教师提供晋升和升迁的机会,让教师的长期职业发展得到支持和保障。

最后,还应建立行业标准和职业资格认证制度,明确"双师型"教师的素质要求和能力标准,为教师的职业发展提供指导和方向。

（五）重点建设"双师型"教师培养基地,搭建完整的师资培养框架

首先,高校可以在本校设立教育师范专业,向学生介绍教育理论和实践,并且培养"双师型"师资人才;还可以建立教育培训中心,专门为教师提供针对性的培训,让教师能够在实践中更好地理解教育理论。同时,高校可以积极开展与其他学校的交流活动,引进其他学校的"双师型"教师来校授课,为教师提供更多交流学习的机会。

其次,高校可以通过网络平台开设在线教育课程,为广大教师提供更加灵活的学习渠道,方便教师在任何时间、任何地点参加培训。此外,高校还可以与企业合作,将实践教学融入课程中,让教师更多地了解企业的需求,培养出适应市场需求的"双师型"人才。

第六章　会计信息化教学

　　随着新的信息技术不断发展,会计信息化已成为我国会计领域发展的方向。随着信息化环境的日益成熟,计算机技术不断进步,这就大大提高了会计信息化的发展速度。会计信息化系统与多种资源无缝衔接,与多种信息融合,有利于提高企业会计的信息化水平。因此,开展会计信息化教学尤为重要。

第一节　会计信息化的理论基础

一、会计信息化

（一）会计信息化的概念

　　会计信息化是计算机在会计领域的运用。通过将电子计算机与会计相结合,充分发挥出计算机的特殊优势,使财务人员的职能、技术等在会计工作实际执行中实现现代化,从而降低了财务人员的日常工作量,提高会计数据的真实性与会计工作效率。会计信息化是将融合会计操作理念和业务流程的会计信息系统运用到会计工作中,对公司各类业务的会计工作进行完整的处理。从购买原材料开始到最后的销售等,都一致地运用会计信息系统操作,改变了传统手工会计的不足,使得会计工作更为系统化、智能化。在新的信息技术不断发展的背景下,会计信息化带来的不仅是企业财务现状的变革,更是企业经营管理持续发展必不可少的一部分。

（二）会计信息化的特征

（1）普遍性。会计信息化在新技术的发展和引导下大规模发展起来，目前多数企业正在进行会计信息化的改革，通过购买先进的会计信息化管理系统模块，与自身会计系统相结合，以实现企业会计信息化，这是今后企业会计发展的必然趋势。

（2）集成性。首先，会计信息化是利用信息系统和平台，将数据信息资源进行整合，更好地对集成信息进行分析，从而为决策提供依据；其次，会计信息化是财务与业务的集成。通过财务管理系统软件的应用，将企业财务与业务进行连接，便于企业财务工作的进行。

（3）动态性。会计信息化使信息化随市场需求变化而变化。此外，会计信息化中所应用的系统也在不断升级变革，以更好地适应网络环境，降低信息化风险的水平。

二、会计信息化安全风险

（一）会计信息化安全风险的概念

会计信息化安全风险指在会计信息化过程中企业所面临的与会计相关的安全方面的风险。对于安全风险类型的划分目前还未形成统一的标准，比较常见的有数据安全风险、系统安全风险、技术安全风险等，是学术研究中主要关注点。会计数据安全风险指在会计信息化过程中，企业将大部分会计数据生成电子数据后，企业会计数据在计算机中面临丢失、被盗取、篡改等的安全风险，从而极大地影响数据安全性。系统安全风险指企业在会计信息化过程中所使用的软件系统，其本身存在或受空间因素限制所形成的影响企业安全的风险。

（二）会计信息化安全风险的理论依据

1. 信息安全理论

信息安全指保护信息资源并使信息资源相对安全。新的信息技术的出现是一种保护信息安全的方法，但它也有风险。

信息安全保护方法包括以下内容。

（1）物理环境安全。访问控制措施、区域视频监控、防火、防水、防雷和防静电电子计算机室的措施。

（2）身份验证。双因素身份验证、基于数字证书的身份认证、基于生理特征的身份认证等。

（3）访问控制。物理访问控制、网络访问控制（如网络访问控制NAC）、应用访问控制和数据访问控制。

（4）审计。物理级别（如访问控制和视频监控审计）、网络审计（如网络审计系统和嗅探器）、应用程序审计（在应用程序期间实施开发）、桌面审计（针对主机中的文件和系统设备）和操作记录（如修改、删除和配置）。

保护方法指数据信息通过新的信息技术将平台相关信息资源集中上传到数据库并加以存储，从而保护数据信息，而系统根据需求使用。需要注意的是，由新的信息技术组成的会计信息系统技术是基于网络的，即使用这个服务平台，需要传输数据信息第三方平台的资源，但这会增加信息安全风险。因此，我们应该注意让计算技术真正为信息安全服务，该理论强调会计信息化发展过程中信息安全的重要性，在使用会计软件系统的同时，要通过运用访问控制、身份验证等技术对信息安全进行防护，确保会计信息安全地输入与存储，以此降低新的信息技术带来的安全风险。

2. 风险管理理论

风险管理理论最初出现于 20 世纪 30 年代初期，之后受全球各地金融危机的影响逐步发展起来。在 20 世纪 80 年代，美国金融危机、欧洲金融危机及日本股市等金融危机的爆发，给经济造成巨大的创伤，使风险管理理论受到更多人的关注。风险管理理论是企业主动地、有意识地对风险进行预防和控制，是在企业经营中各环节都进行风险管理工作，从生产到销售，从财务到决策，涉及各个层面。对风险进行管理是为了避免风险造成的巨大损失，从而促进企业的经营发展。对企业发展潜在的风险也应进行系统的评估和分析，并结合公司业务发展情况，选择适当的风险管理方法进行防范，以避免风险引起的危机。

该理论认为企业应对网络环境、会计软件系统、会计数据、会计人员操作及会计协议各环节的安全风险进行管理。具体来说，首先，要对企业潜在的安全风险进行系统的识别和分析；其次，以此为基础对应地提出防范的建议，在对企业经济活动进行控制和监督的同时，尽量降低企业的安全风险。

3. 网络会计理论

网络会计是以在线环境为基础，记录、衡量和披露企业经营的各种交易和事件，改变会计信息的编制方式和执行效率。它不仅是一个基于网络的会计信息系统，同时也是电子商务的一个组成部分，帮助公司进行远程工作。不同于传统会计，网络会计可以更准确地分析会计信息。网络会计的发展，可提高会计信息处理使用的及时性，同时，会计信息资源也得到了共享。与只能在全球范围内应用的传统会计方法序列相比，网络会计可以采用更灵活的方法，更准确、更快速地分析会计信息，更快速、更有效地展示会计信息。网络会计中信息的离散性也造成了分权会计理论的假设。虽然离散信息的独立性是分散会计的一个特点，但对信息的进一步处理会导致报告的一致性和额外效率。

网络会计理论是企业会计信息化发展的一个重要理论基础。该理论通过网络环境、网络系统软件、网络数据、网络操作和网络协议五个环节进行会计经济活动，以准确、高效地完成会计信息分析，实现会计信息资源的共享。

三、会计信息可比性

现有研究主要从技术支持和组织变革两个方面对企业数字化转型进行定义。从技术支持角度来看，企业数字化转型帮助企业在研发、组织、生产、销售以及服务等方面引入先进的数字化技术，打破企业业务与数字技术之间的沟通壁垒，整合业务流程中的资源，优化业务流程，促进业务数据化,能更好地服务顾客和市场,提高企业的生产与营销效率,从而创造新的价值。这种观点更强调数字技术在企业业务中发挥的作用,而更多的学者将企业数字化转型视为企业的一种战略行为,通过各种信息科技重新打造企业的业务流程、组织结构和商业模式,使企业的经营方式实现根本性转变。从组织变革角度看,数据处理和分析是基础,业务平台、数据平台、技术平台是核心,最终目的是实现数字技术和生产发展的深度融合,改造企业的传统生产系统,将其转化为数字化系统。① 从以上研究过程可以发现,企业数字化转型是一个从 0 到 1 的跨越,初期数据驱动业务实现业务流程转变,后期数字技术驱动管理实现管理创新,这一过程是企业与数字技术融合的过程,也在一定程度上反映了企业的数字化转型程度。

（一）会计信息可比性的概念

会计信息可比性在企业的日常经营运作和相关信息的披露方面发挥着重要作用,不仅有助于约束管理层的行为,而且还能向利益相关者提供有效的信息。美国财务会计准则委员会认为会计信息可比性能帮助管理层获取自身企业与其他企业的比较信息,从而对不同企业的相同经济业务的异同进行比较,以协助管理层作出决策。国际会计准则在财务报告框架中指出,会计信息可比性能够反映出不同企业之间的差别。这种差别不仅体现在企业在同一时期使用的会计政策与方法上,还体现在不同时期的经营成果、财务状况和会计信息上,从而使利益相关者了解企业的经营现状。

席梦思（Simmons,1967）最早提出会计信息可比性的概念,即在某个标准会计体系下,对同类业务的经济状况进行同等会计核算和披露,生成的一种比较模式结果。② 我国财政部在《企业会计准则》中较为具体地定义了会计信息可比性,企业提供的会计信息的纵向可比性表现为同一企业在不同时期采取一致的会计政策处理同类经济业务;企业提供的会计信息的横向可比性表现为,不同企业采取一致的会计政策处理

① 张永珅,李小波,邢铭强.企业数字化转型与审计定价[J].审计研究,2021（03）:62-71.

② Simmons J. K. Aconcept of comparability in financial reporting[J]. Accounting Review,1967,42（04）:680-692.

同类经济业务。这里参照佛朗哥（Franco，2011）构建的盈余收益模型给出定义：会计信息可比性是指企业对类似经济业务产生的不同财务数据之间的差异程度，用股票收益率和会计盈余来分别表示经济业务和经济后果。

（二）会计信息可比性的理论依据

1. 委托代理理论

20世纪30年代，经济学家伯利和米恩斯提出了委托代理理论，研究发现现代企业出现了所有权与控制权相分离的现象。由于社会生产力的细化，企业所有者行使权力的能力被知识、技能和精力限制，而职业的专业化创造了具有特殊技能的代理人，从而形成了委托代理关系。委托代理理论认为，在委托代理关系中，委托人是企业的所有者，代理人是企业的经营者。在经济人的假设下，当委托人和代理人为企业追求相同的目标时，企业的价值是最大化的。然而，在现实中，委托人的目标是使企业的利益最大化，而代理人则期望使自己的利益最大化，问题在于代理人和企业各自利益的最大化有时会发生冲突。与此同时，信息不对称的存在导致代理人能比委托人掌握更多的有用信息，当代理人的可得利益较大时，代理人往往会选择牺牲委托人的利益使自己获益，因此委托代理问题也由此产生。现代企业治理追求的目标就是企业所有者如何利用最优契约关系，使其在信息优势和利益冲突的情况下，激发代理人的工作热情。

霍姆斯特罗姆（Holmstorm，1982）提出相对业绩评价法，以同行业其他企业的业绩作为对照指标，剔除宏观环境和行业风险的影响，从而更好地衡量企业经营者的努力程度，监督企业经营者利用信息优势进行机会主义，提高企业的治理效能。[1] 这种相对业绩就十分依赖于信息的可比性，而投资者主要的信息来源是会计信息，因此会计信息的可比性能为投资者提供同行业企业之间财务数据的衡量指标，降低经营者的机会主义动机，从而缓解企业所有者和经营者之间的委托代理冲突。此

---

[1] Holmstrom B. Moral hazard in teams[J]. Bell Journal of Economics, 1982,13（02）: 324-340.

外,企业所有者可以通过财务报告等会计信息掌握企业的经营状况和经营者行为责任的执行情况,有助于加强对经营者监督的同时作出更全面、理性、明智的决策。不过,当经营者为了实现自身利益最大化的目标,有可能在向企业所有者提供经营信息时隐瞒不利于自身的信息,这一行为将会降低企业会计信息的可信度。

2. 信号传递理论

1974年,美国经济学家彭斯首次提出信号传递理论,根据该理论,在信息不对称的市场环境中,通过某种信号,信息优势方传递信息给劣势方,彼此共享所掌握的真实信息,以实现市场的均衡。如果信息传递的双方不能真实地传递信息,会严重损害资本市场中资本的合理配置,无法实现交易效果最大化。在企业经营者与投资者的交易中,经营者往往掌握信息优势,为了自身利益而产生逆向选择问题,容易造成企业所有者与投资者的利益损失,从而影响企业目标的实现。会计信息和市场业绩能够有效衡量企业经营者的努力程度,因此在信号传递过程中,投资者需要针对会计信息的传递方式设置一套规则,有效并且可靠地提升信息质量。如果信息传递有效,投资者就能监督经营者,抑制经营者的机会主义动机;反之,经营者就会利用机会主义行为谋取自身利益,损害其他利益相关方的利益。此外,经营者需要向外界传递一部分私有信息,以证明企业对其他利益相关者利益的维护,如企业需要向债权人提供企业相关的偿债指标等。

1990年,通过将信号传递理论与声誉结合起来,克雷普斯认为,企业披露相关信息是一种积极的信号传递活动,以此获得公众对企业的支持形成声誉,并得到利益相关者提供的资源和机会。企业进行数字化转型是顺应时代发展、响应国家政策、积极进行创新创造的一种变革行为,能对企业的内外部产生积极影响,这种积极影响向外界传递了正向信号。一方面,企业进行数字化转型需要大量资金支持,间接展示了企业的资金实力与需求,并且凸显了企业的价值创造能力;另一方面,数字化转型优化了企业的信息环境,提高了企业的信息透明度,有助于企业输出高质量的会计信息,展现企业良好的治理能力。

3. 信息不对称理论

18世纪末,亚当·斯密提出,市场资源的有效配置可以通过"看不见的手"实现。而现实情况是,交易双方间信息分布的不均衡导致一部分人会掌握更多有利信息。信息不对称理论认为,各交易方之间的交易信息处于不对称分布状态,并且具有信息优势的人会向信息劣势的人传递可靠信息并以此获利;参与交易的两方都明确自身在信息收集中所处的位置,信息缺乏的一方会主动向另一方寻求信息;信息不对称的缺陷可以通过市场信号得到改善。信息不对称理论揭露了市场体系中的重大缺陷,也体现出信息在市场交易中的重要地位。

在企业治理中,所有者和经营者之间两权分离,这就导致了信息差异注定存在,具体表现为逆向选择和道德风险。虽然公司的所有权属于各股东,但经营者比各股东更了解公司的经营状况,这就导致在经营者与投资者的交易过程中,经营者能够以谋求私利为目的调整企业经营目标以及信息披露的时间和条件,由此产生"道德风险",这种不公平交易对投资者而言就是"逆向选择"。企业往往会选择与经营者签订合约,以达到监管的目的,但合约内容的不全面和监管的不力,导致信息不对称现象注定会存在。同时为了维护自身利益,投资者也会寻找额外的机会和路径,以弥补企业信息不足的缺陷,但需要在监督成本和成效之间进行权衡。事实上,企业各股东和经营者之间存在信息冲突,股东会提高对会计信息质量的要求,当企业的监督成本没有明显变化时,提升会计信息的可比性能在一定程度上解决信息不对称问题。[①]因此,会计信息可比性是应对信息不对称问题的一种强力措施。

四、信息化环境下的企业内部会计控制

(一)内部会计控制

内部会计控制是指利用会计核算手段达成会计监督的职能,来定制

---

① 江轩宇,申丹琳,李颖.会计信息可比性影响企业创新吗[J].南开管理评论,2017,20(04):82-92.

一系列的流程和方法,用于核算会计凭证记录的真实性以及保证财产的安全性。内部会计控制通过岗位不相容原则(即保管财务报告资料人员、批准授权人员与经营资产或保管资产人员相分离)、全面的预算控制原则以及财产控制原则来定制一系列控制手段。内部会计控制是内部控制的重要组成部分,也是内部控制的核心内容,监督企业内部可计量的经济活动。内部会计控制制度主要目的是提高会计信息的质量,保证企业资产不受到损害,使得法律法规能够得到正常执行。

（二）信息化对企业内部会计控制的影响

1. 内部会计控制效率和质量的影响

经过长时间的发展,传统的企业内部会计控制已形成了一套相对完善的控制机制。然而,随着科技的不断进步,这一传统模式已无法满足当前的内部会计控制需求。在传统的内部会计控制下,账本与账本之间、账本与报表之间的核对以及凭证制作的精确性,主要依赖财务人员的专业技能和责任心。但在信息化时代背景下,内部会计控制已经转变为依赖人与计算机系统的交互处理以及计算机处理系统的自动化运作。如今,财务数据可以在计算机内部进行自动整合处理,进而生成各种维度的财务报告。这种信息化处理方式不仅使财务数据更加精确,还显著提高了财务人员的工作效率,进而提升了公司的整体运营效率和质量。

2. 信息载体变化对内部会计控制的影响

企业内部会计控制经历了由纸质化向信息化的转变。在纸质化阶段,企业运营的各个环节主要依赖纸质凭证和报表,在这种形式下,对数据和信息的修改会留下明显的痕迹,易于识别和追溯,从而在一定程度上遏制了潜在的违法行为。然而,随着信息化时代的到来,企业内部会计控制的载体发生了根本性变化。在信息化环境中,数据信息的修改变得不易被识别,且不会留下修改痕迹,这使得传统的内部会计控制方法在面对新的资料管理时显得力不从心。因此,企业需要与时俱进,调整和完善内部会计控制策略,以适应信息化时代的发展需求。

3.内部会计控制难度的影响

在信息化时代背景下,企业内部会计控制所面临的挑战已显著增大,其规模也实现了实质性的拓展。除了沿用传统会计系统中的基本会计制度外,内部会计控制还需应对系统日常运维、持续开发、财务人员职能与权限调整等多种问题。这些变化为企业在信息化环境下实施内部会计控制带来了潜在的风险。外部不法分子可能利用黑客等手段对企业网络发起攻击,导致内部资料遭受恶意篡改、窃取或销毁,后果非常严重。因此,在当前环境下,企业实施内部会计控制的难度显著增加,亟待制定更为科学、有效的应对策略。

(三)内部会计控制在信息化环境下的特征

1.全新的内部会计控制理念

在传统企业中,内部会计控制主要依赖设立不相容岗位和核对账目等手段,以确保账账相符、账实相符,从而实现内部会计控制的目的。这种控制方式属于事后控制,企业运转流程和财务流程相互独立,导致财务无法实现实时的内部会计控制。然而,随着信息化技术的不断发展,企业内部层级趋向于扁平化管理,信息传递速度加快,员工积极性得到充分调动,潜力得到激发。在信息化环境下,内部会计控制逐渐转变为实时控制,并涵盖了事前、事中和事后各个环节,不再局限于为管理层服务,而是更加注重满足企业正常运转和发展的需要。

2.多维度进行内部会计控制

传统的内部会计控制主要局限于两种维度模式:一是通过财务规章制度实施的控制,二是针对财务处理账务和编制财务报告的过程进行监控。这种控制方式可被视为静态控制。然而,在信息化时代背景下,企业内部会计控制的需求已经演变为实时控制,这是一个动态的过程,需要紧密结合企业的实际经营环境、运作流程和管理理念。在信息化背景下,构建企业内部会计控制模型的关键在于深入了解控制需求,并针对企业的每一项业务流程制定适当的控制标准。这些控制标准涵盖了企业的人员牵制控制、信息技术的系统控制以及具体业务与财务的监控,从而形成了多维度的内部会计控制体系。

在信息化时代背景下,企业的日常运营流程及其业务模式均发生了显著变化,导致内部的控制节点亦随之调整。为适应这一变革,现代企业已逐渐摒弃传统的内部会计控制手段,转而采用更为先进的标准成本控制、责任会计控制及预算控制等策略。

首先,企业的信息化系统已将各部门的业务流程紧密整合,从订单的生成、采购、付款的资金流出到收款的资金回笼,所有环节均纳入一个统一的数据库管理。通过这一综合办公系统,各部门能够无缝协作,快速获取所需数据,并确保审批流程的顺畅进行。这意味着在信息化背景下,传统的手工会计控制方式已无法满足现代企业的需求,而需要通过系统内部各环节的设置,精准把控各个控制点。

其次,与传统的内部会计控制主要关注事后处理不同,信息化背景下的控制策略更注重实时性。借助先进的信息化技术和工具,企业能够针对运营中的每一个环节和具体业务控制点进行实时监控和调整,确保各项业务的顺利开展。

随着信息化系统的不断升级和发展,内部会计控制方法也需相应地进行集成化改造,以适应系统的集成化发展趋势。值得一提的是,在信息化背景下,财务会计正逐步向管理会计转型。各部门在业务流程中积极引入管理会计的先进控制方法,针对每个控制点制定科学的控制策略,从而全面提升企业的管理水平和经济效益。

（四）内部会计控制在信息化环境下的变化

1. 环境变化

随着信息技术的迅猛发展,其在会计领域的应用已经深刻改变了企业内部会计控制的环境。传统的财务部门已不再仅限于财务人员的组织架构,而是融入了技术部门等其他操作部门,形成了更为综合和高效的运营模式。如今,公司的各个部门都需要熟练运用计算机技术进行无纸化办公,以适应信息化时代的需求。财务部门通过运用先进的信息化技术,不仅能够高效处理日常业务,还能够对销售进行精准预测、实现资金的有效控制等。信息化技术的运用使得财务业务得以实时处理,且办公不再受地域和时间的限制。此外,由于信息的高度共享,财务部门能够迅速判断潜在风险,并及时采取措施控制资金损失,从而确保内部会计控制的时效性和准确性。

以企业的库存管理为例,信息技术能够通过精确的测算,科学合理地确定最小和最大库存量,为企业制定合理的库存需求提供有力支持。通过合理的采购需求计划表和预警机制,企业能够在库存不足时及时发出预警,避免生产需求供不应求的情况发生。同时,信息技术还能够有效避免库存积压,从而降低存货成本,提高企业的整体运营效率。

2. 重心变化

在传统的内部会计控制体系中,主要关注的是财务人员之间的相互牵制与制衡,它属于一般控制范畴。然而,在信息化时代背景下,财务人员在处理业务时更多地依赖于信息化技术的协同处理,这使得信息技术成为内部会计控制不可忽视的重要因素。

传统的内部会计控制主要侧重于对人的行为进行规范和控制,如今,随着信息化技术的发展,内部会计控制的重点已经转变为对信息化技术和相关软件的操作控制。在这一背景下,内部会计控制的关键环节包括数据输入的控制、数据输出的控制、人员与软件之间的协同控制、岗位分离原则以及授权控制机制。

由于内部会计控制环境发生了显著变化,对内部会计控制的评估标准也相应进行了调整。现代内部会计控制人员不仅需要熟练掌握一般的评估知识,还必须具备基本的信息技术相关知识。只有这样,他们才能全面、准确地评估内部会计控制的有效性和合规性,确保企业的财务安全和稳定。

3. 范围变化

经过信息化改造,企业的销售合同、销售订单、采购订单、出运货物等各个业务环节均实现了电子化、数字化管理,这极大地扩展了企业内部会计控制的范畴。原先仅由财务部门人员承担的内部会计控制任务,现在已不再局限于单纯的财务人员,而是加入了系统操作、维护等相关专业人员。这一变革要求企业在保障内部牵制关系的基础上,加强对财务人员与系统操作、维护人员间的协作与沟通。同时,相较于传统的内部会计控制,信息化背景下的企业内部会计控制还需特别关注信息化软件的稳定运行与数据安全,确保企业在享受信息化带来的便利与高效的同时,也能有效防范潜在的风险与挑战。

4.时点变化

在传统的企业内部会计控制模式下,仅仅依赖事后处理的方式,很难实现实时的控制与管理。然而,随着信息技术的快速发展,现代企业已经可以利用先进的信息系统实现信息的实时共享。通过这一技术,企业内各个部门,如采购部、销售部、仓储部以及财务部等,都能够在统一的信息化平台上进行操作。采购与付款、销售与收款、成本控制以及资金控制等各项业务活动在系统中均能得到实时的反映和监控。这种信息共享不仅提高了工作效率,而且使企业内部的会计控制实现从单纯的事后控制到事前、事中、事后全过程的实时控制,从而显著提升了内部控制的效率和效果。

第二节　现代信息技术环境下会计信息化课程体系构建

一、高校《会计信息化》课程

《会计信息化》(也称《会计电算化》),已发展成一个边缘性学科,并融合了信息学、工商管理学、计算机科学与会计等学科。电子化数据处理在商业管理各个领域的应用都处于最前沿,并有助于商业管理领域实现现代化。具体内容包括理解会计学信息化基础性知识及财会软件的基础性知识;了解公司会计信息化基础性工作要求;熟知电子模式企业基本流程;熟知账务处理系统、财会报告系统、应收 / 存货核算系统、薪酬核算模块及固定资产核算模块的主要操作;熟知财务领域会计师从业资格考试大纲要求等。

在《会计信息化》课程中,学生要遵守职业道德,拥有爱岗敬业精神、诚实守信、清廉自律、客观公平、坚守规范、积极参与管理工作等会计职业素养,拥有人际关系管理才能、交流适应性、团体合作才能以及服务水平意识,掌握基本操作 Office 办公软件管理工作才能,等等。从专业技术能力上看,学生要熟悉会计信息化操作的一般程序及操作需求,能利用财政管理软件系统进行企业会计信息化成本核算管理岗位;

能进行公司税费计算及申报工作;能达到企业会计与会计服务专业(技术)方向性要求。

在目前国内的财会类职业技能大赛的赛项安排中,会计信息化部分的操作是不可或缺的一部分。

二、"以赛促教,以赛促学"教学

(一)概念解析

"以赛促教,以赛促学"是一种教学模式,其中"赛"是指职业技能大赛,"教"是指教师的教学工作,"学"则是指学生的学习过程。其核心思想是借助比赛活动,推动教师的教学进步与学生的学习提升。

在教学过程中,该模式旨在通过比赛让学生熟练掌握参赛所需的基础技能。为实现这一目标,教师需要组织学生参与各类专业性技能竞赛,而且这些比赛应注重实践性和针对性,强调真实场景下的专业知识理论应用和操作技能培训。通过这样的方式,教师能够在实际能力层次上对学生进行演习和考核。简单来说,该教学模式以技能大赛为核心,围绕其开展一系列技能性教学活动。

在本书中,我们提到的这一模式不仅注重竞赛与学科之间的比较分析,还强调将两者紧密结合。通过遵循专业竞赛的规范性和实践性要求,学生能够有效地培养自身的理论基础和技术能力。同时,竞赛的开放性和趣味性也为学生创造了一个高效的学习环境,促进了师生间的沟通交流,从而达到教学目标。

(二)理论基础

1.教学做合一

陶行知在1925年南开大学举办的校园讲座中,提出了名为"教学做合一"的新型教学理念。该理念旨在将实际生活情境与教育实践相结合,强调了个人在日常生活中的自我提升以及对他人产生的积极影响。陶行知的教育观念深受美国学者杜威的影响,杜威所倡导的"做中学"教学法,强调个体应自然地学习和掌握生存技能,而非受外部环境的局限,其实用主义教育学说为陶行知的教育思想提供了重要的理论支撑。

受到杜威"生命教学活动是大众的教学活动"及"生命即课堂,课堂即生命"的启示,陶行知进一步指出,应从日常生活中汲取智慧,并与"做中学"相结合,以适应我国的实际国情。他创建了"教学做一体"的课堂教学实践模式,该模式强调了理论知识与实际操作的紧密结合,突出了人与人之间的相互联系,并重视个体主观的学习意义。陶行知认为,通过实践活动,可以验证并改进所学的经验,从而实现教育的深化。与杜威的观点略有不同,陶行知强调了个体与社会的互动对于学习的重要性。

"以赛促教,以赛促学"的教育模式正是这一理念的体现,它将教师的教授、学生的学习以及学生的实际操作训练融为一体,通过竞赛的形式实现"教学做合一"。同时,以财会类职业技能大赛为指引,将教育与社会生活紧密相连,使师生能够及时了解财会类专业及其行业的最新动态和要求。部分学生更是走出校园,参与到实际比赛中,推动了《会计信息化》的教学改革,丰富了实训内容,提升了教学效果。

2. 协作学习

协作学习作为一种高效的教学方法,近年来在各行各业得到了广泛应用。以合作读书为例,这是一种通过班级或团体等形式组织学生开展读书活动的方法,能有效帮助学生深入理解和把握知识点,从而提升学习效果。协作学习的定义应涵盖形式特征(团体或小组形式)、过程特征(协作学习的知识建构过程)、目标特征(提高团体和个人的学习成效)以及归属特征(作为教学策略或实践的一部分)。通过协作学习,学生可以更好地掌握和应用知识。

这种教学方式通常由四个基本要素构成:小组、团队成员、指导教师和协作学习环境。协作学习的基础模型包括竞争、辩论、联合、问题解决、同伴关系建立、设计以及角色扮演等多种活动形式。

"以赛促教,以赛促学"的教学模式借鉴了协作学习的理论,通过组织小组活动,明确学习任务并分配给各小组,由小组成员合作完成练习和巩固,最终通过小组间的比赛来检验学习成果。这一过程中涉及组内合作、组间竞争、角色扮演、问题解决等多个环节,能有效激发学生的学习主动性,实现从被动学习到主动参与的转变。

3.建构主义学习理论

建构主义是一种复杂且多元的社会科学理论,其思想基础源自不同的学术流派。据新西兰科学家诺拉(Nola)所述,苏格拉底和柏拉图可视为建构主义的先驱,他们明确反对传统的直接教学方式,主张通过个体主动建构来形成知识基础。随后,皮亚杰将建构主义理论引入儿童认知发展领域,并在维果斯基等心理学家的指导下得到进一步深化。建构主义教育理念认为,教学不应仅局限于教师的知识传授,而应在特定的社会文化背景下,借助他人的协助,利用适宜的学习资料,通过意义建构的方式获取知识。

在实际教学中,建构主义理论有多种应用形式,如探究式学习、支架式教学、情境教学和合作学习等。

其一,通过问题导向的行动来建构认知,课堂上可以通过设计游戏和问题情境,引导学生积极参与和体验,进而形成个性化的知识理解和掌握模式。

其二,随着教学活动的深入,应逐步减少对外部支持的依赖,鼓励学生独立行动,以更好地掌握和内化知识点。

其三,通过情境教育,让学生以团队形式展开学习,并在达到目标后独立执行。这种教学方法基于真实的情境或问题,使学生仿佛置身于真实的技能应用环境中,通过分析和解决实际问题来深化学习。

其四,完全撤去支架,让学习者以团队形式巩固所学,并提供适当的指导,练习结束后进行团队竞赛,以提高学习效果。

通过小组讨论、交流活动和思想碰撞,团队成员可以相互补充和调整,共同整合思维成果,实现"以赛促教,以赛促学"教学模式的意义建构过程。在模拟比赛中,也可以采用小组合作来共同完成竞赛任务。

三、职业技能大赛与《会计信息化》现状与问题

通过上述调查分析方法,结合本书的研究目的,对 G 高校的职业技能大赛参赛现状与《会计信息化》课程现状与存在的问题做如下两个方面的阐述。

（一）G高校的参赛现状

G高校是一所重点学校。经过走访调查，G高校在2022年积极响应国家"以赛促教，以赛促学"与"岗课赛证"的号召，积极参与了一些相关的职业技能大赛。在教学方面，获云南省首届职业教育教学成果一等奖；在学生方面，2022年5月在全国职业院校技能大赛中高校组3个赛项荣获团体三等奖，分别是"物联网技术运用与维护""现代物流综合作业""智能家居安装与维修"。由此说明，学校方面还是比较重视且积极参与到教师与学生的职业技能大赛中的。

具体到与本书相关的会计专业，同样是响应学校号召参与到一些财会类的职业技能大赛，其中有"网中网"财务共享职业技能大赛、第十四届会计文化节暨第八届创新创业百城联赛、金砖国家技能发展与技术创新大赛、2021年第六届"科云杯"职业技能大赛高校组财会职业能力大赛等等，主要存在的问题现状如下。

第一，财会类比赛的获奖比例较低。就学校整体的参赛情况来看，虽然在教师和学生方面都取得了一些竞赛成果，但是在会计专业中，财会类职业大赛获奖的人数较少，以"科云杯"职业技能大赛为例，"会计手工"赛项和"会计电算化"赛项没有入围过市赛，2021年获得"沙盘模拟企业经营"赛项与"财税技能"赛项的市赛三等奖。在学校里所有的获奖成果中，属于人数较少的；在全国的高校组财会类职业技能大赛中的排名也较为靠后。

第二，学校的备赛条件仍需完善。从客观现实条件上来看，目前不同的财会类职业技能大赛由不同的企业单位赞助，同时备赛时所用的题库与软件也不同。学校目前购买的财会类应用软件并不能满足所有大赛的参赛模式，因此教师与学生在备赛时并不能很好地模拟练习，因此与使用过该软件进行备赛练习的学生相比，存在欠缺。

第三，学校的备赛方案涵盖人数较少。由于现实情况的考量，学校的备赛方案一般是对一小部分学生的集中培训，在所有学生中所占的比例很小，对于会计专业两个班级81名学生大概只有3～5人可以进入备赛的集训中进行练习，从而导致可以获奖的人数范围进一步缩小，同时没有被选入集训的学生一般不会考虑去准备职业技能大赛。

（二）G高校《会计信息化》教学与职业技能大赛的结合现状

《会计信息化》作为目前高校财经商贸专业的核心课程，对于学生的会计理论知识与软件操作能力都有较高的要求。因此，不管是学校还是教师，对该门课程的教学都非常重视。学校方面，G高校建立了会计信息化实训基地，购买了一部分财会类应用软件供学生学习，在教师方面，教师在备课和教学方面也比较认真负责，在课堂上响应学校"三力"（活力、实力和魅力）课堂教学改革的号召，为学生分组，以回答问题、完成任务加分的形式进行课堂上的小组竞赛，这样的小组比赛确实可以一定程度上提高学生的学习积极性，但是适用的课程范围较广，并没有考虑到《会计信息化》这门课程与目前职业技能大赛联系密切的先天优势。

《会计信息化》与目前财会类职业技能大赛中的"会计电算化"项目关系密切，在知识点与操作形式上重合度较高，属于一门比较适合结合比赛进行教学的课程。但是通过前期的调查与分析，发现教师在教授《会计信息化》这门课程时，并没有较多地结合相关职业技能大赛的内容，教材方面严格按照规定的教材进行，教学方法上多用传统教学法，教学评价方面采用平时成绩结合期末考试。对于这门与学生未来岗位息息相关的课程来讲，如果不参考最新的社会需求，不让学生充分练习和操作，很容易让这门操作性强、专业性高的课程变得枯燥乏味、死板教条。

四、《会计信息化》课程教学的问题现状

经过上述分析，《会计信息化》这门与财会类职业技能大赛联系较多的课程，并未在课堂教学上较好地结合相关的比赛内容，通过调查分析认为，由于缺乏职业技能大赛的引导和配合，G高校《会计信息化》课程在教学目标、教学内容、教学方法、教学评价方面存在着一些问题。

（一）教学目标针对性弱

国家对于专业课程的课程标准则要求高校根据特定职业教育领域

内各层次的要求,编写以培养学生职业能力和技能为核心的教学指导文件。在这种情况下,最初的意图是提高各高等教育的灵活性和适应性,越来越多的学校基本按照自己学校的实际情况制定课程标准,但教学效果并不理想,教学目标实现程度不高。

通过 G 高校《会计信息化》课程的教学,学生将深入了解发展情况,掌握会计信息化的基础定义、理论和原理,熟悉企业实施会计信息化的流程和管理制度,并可以熟练地运行通用会计软件的所有主要功能模板。最终,在会计信息化方面取得重大进展,以满足国家对初级人员的需求。

教师可以通过逆向教学理论的指导,设计一个具有明确目标的教学活动,包括培养学生的主体性、动词性、条件性和表现性的表述。目前,《会计信息化》的课程目标对于动词性与表现性的描述有所欠缺,不能很具体地说明一个知识任务,学生对于实际的工作依然感到茫然无措。反观职业技能大赛对于选手的要求一般都较为具体,因此结合职业技能大赛中相关赛项的竞赛目的与要求,增强课程教学的可操作性和针对性。

(二)教学内容偏向书本

社会需求是人才培养的重要依据,校企合作能够最大限度地展现社会需要什么样的人才,未来的工作岗位是如何运作的。高校学生除了熟练掌握理论知识外,还需要考虑学生的动手能力和综合素养。目前,大部分企业和高校合作的积极性较低,导致高校的会计教学内容时效性差,存在脱节现象。

在课程设置方面,第一学年迫于市里对于基础文化课统考的要求,基础文化课与专业课的比例为 5∶2,理论课与实践课的比例为 3∶1,已经属于严重不平衡的状态,大部分学生的动手能力和实践能力都很低。当前,高校除了 80% 的时间用于学习基础知识,剩余的时间则用于实训,但是由于专业技能标准不高、考核制度不严谨,以及缺少全面素养等层面的需求,使得课程设计变得更加短暂,仅仅有 1~3 周的实训时间,这样的周期显然不足以满足学生取得会计从业资格证的需求。显然,突击式培养不仅不能够达到学生专业技能培养的要求,也不能让学生通过实训了解到未来工作岗位,提高其综合实践能力。

（三）教学方法需要创新

目前,大多数高校的会计教师没有参加过系统的会计技能竞赛培训,对当前账务处理技能的要求没有足够的认识。尽管"满堂灌"教学模式可以让学生在课堂上获得更多的知识,但是传统的讲授法和练习法仍然是会计教学中的主流,它们缺乏有效激发学生学习兴趣和热忱的环节,使得学生无法充分发挥自身潜能,从而影响学习效果。如果教师不能采取有效的教学策略激发学生的学习热情,那么伴随时光的推移,中小学生将会对教学失去兴趣,甚至对教学失去激情,从而影响他们的学习效果。

《会计信息化》课程标准提出了"三结合,四环节"的教学模式,即将课堂、实训室作业和课后学生自由实训有机融合,以培育学生的实践和创新思维,同时在教师的引领下,让学生更好地掌握知识,提升学习效果;教师在实训室演示教学;教师指导实训;学生在课后自主实训。但在实际的教学中,大多停留在课堂教学,且仅仅以教师课堂教授为主,并不能够达到理论与实践相结合的目的。

从高校学情的角度来讲,相比理论知识,学生更偏向于动手实践,但目前高校实训课程的教学手段并不能最大限度地满足学生对实际操作的要求,存在教学手段需要创新的问题。

（四）教学评价稍显单一

由于教学质量评价体系不健全,对于新兴的教学方法,如实践教学和项目教学,缺乏统一的评估标准。此外,专业课程的完成以及学生对专业知识的把握情况,也尚未建立起科学合理的考核评估机制。

《会计信息化》课程的教学评价体系分为平时考核内容和期末测试两方面,平时考核内容占总分数的30%,期末测试占总分数的70%。平时考核内容分为课堂教学具体表现、出勤状况及实践阶段,其中课堂教学具体表现占总分数的5%,出勤状况包含课堂教学具体表现、出勤率及实践阶段的25%,实践性过程包含单项实训和综合实训,这些都是课程评价的重要组成部分,可以让学生较好地把握知识点,提高自身的学习效率,增强竞争能力。

实际的考试还是以理论考察为主,剩下的 30% 为教师的印象分,并没有客观完整地记录下学生实际的平时表现。这样的考核方式实际上并不适用于高校学生,很多学生因为对纯理论知识的学习积极性低,且教学评价较少设计实际操作而产生厌学心理,导致实训课程的教学效果较差。而一般职业技能大赛由于是竞赛,其评分标准都是比较科学和严谨的,因此职业技能大赛的评分标准是一个可以借鉴和融合的教学评价方式。

五、"科云杯"全国职业院校财会职业能力大赛融入《会计信息化》课程的对策

根据上述 G 高校《会计信息化》目前存在的问题现状,选取"科云杯"全国职业院校财会职业能力大赛的相关要求与内容作为参照,对教学目标、教学内容、教学手段和教学评价四个方面分别提出相应对策。

(一)教学目标具体可施

教学目标的设置应在符合课程标准要求的基础之上,将长远目标分解为短期能够实现的目标,但这些目标不能太过笼统。针对《会计信息化》的课程特点,学生需要在理解整个企业的会计工作流程后,通过动手操作和团队协作来完成整个会计工作的运作。

根据"科云杯"的竞赛规程,学校可以将教学目标与实际工作目标紧密结合,将学生的能力培养方向细化为企业协同系统运作、会计信息化系统运作、网上银行系统运作、担保柜管理系统运作、出纳账运作、开票管理系统运作、电子税务局运作、自然人税收管理系统运作、增值税发票 IntServ 平台运作等多种技能,以提高他们的实际应用能力。

如此设置教学目标极大增强了教学目标的可操作性,在进行《会计信息化》课堂教学时,教师可以紧紧依照岗位职责的能力要求引导学生进行学习,而学生在学习时也可以更明确自己的任务,不至于在课堂上迷茫无措、效率低下。

（二）教学内容拓展创新

会计技能竞赛旨在提升会计专业学生的职务能力，以满足当前会计职业岗位的需求。然而，《会计信息化》课程的具体内容仍然有待改进，不能完全满足《会计基础》和高校配置的会计核算教学系统的要求。高校应该仔细研究技能大赛的考核内容、要求和方法，并不断更新教材，以适应会计人才的就业和应用需求。同时，应该按照会计职业技术标准，对课程加以调配，进一步优化高校会计课程体系，以培训出能够满足需求的会计人员。

在课堂教学中，教师应该注重情境教育，以调动学生的学习兴趣。"科云杯"竞赛的内容和流程可以作为一个参考，以便让学生在有限的时间内，快速、独立地完成整套操作，从而培养学生的思考能力和灵活性。通过观察其他选手的实践操作，学生可以更好地理解他人的思路和方式，并且可以互相指正，从而进一步提高沟通技能，开拓思维，彼此可以交流完成操作，不受时间的限制，从而更好地发挥自身的潜力。在面对复杂的业务操作时，学生可以通过团队合作和交流来弥补自身的不足，学习他人的优点，从而深化基础理论的学习，进一步提高实践技能。

（三）教学手段及时更新

目前，高校的《会计信息化》教学系统都沿用多年，更新缓慢，最重要的是不能够紧跟时代潮流，结合目前企业的实际工作任务。"科云杯"等全国职业财会大赛为教师提供了一个极具价值的学习平台，不仅可以促进教师专业知识技能的提升，而且还可以促进相同层次学校之间的交流与学习，从而提高整体的专业能力。因此，高校在进行教学手段创新时，应该积极搜集各种资料，如从邻省、邻市获取最新的比赛信息，并结合每年的比赛流程，以期达到更好的教学效果。

除了指导教师单独完成试题的编制外，高校还应该投入大量资金，购买先进的软件，以便更好地提升学生的学习能力和业务水平。因此，指导教师应该团结一致，相互学习与沟通，一起协作，以获得良好的成效。

（四）教学评价客观多样

在高校会计教学中，引入技能竞赛机制可以提高学生的学习效果。为了达到这一目标，教师必须深入研究课本授课大纲要求，并根据每名学生的实际情况，精心设计竞赛试题，将每门知识分解成各种难易的试题，以便更好地适应学生的需求，实现因材施教。教师在对每名学生进行全面评估后，将他们分成若干小组，每组人数约为4人，并尽可能让优秀、中等和差生的比例达到最大。

六、"科云杯"全国职业院校高校组财会职业能力大赛融入《会计信息化》课程的教学设计

（一）课程目标与竞赛目的的比较分析

1.《会计信息化》课程目标设置

（1）《会计信息化》总体目标

《会计信息化》的设置为学生在掌握会计学原理及会计核算流程的基础上，通过教学达成以下目标。

第一，了解会计信息化信息系统的基本理论知识及操作原理，学会在财务软件运用平台进行完整的账务实训操作。

第二，知道信息化系统是通过什么方式进行内部控制，怎样运用财务软件平台进行账务处理。

第三，了解企业资源及信息整合管理的重要性及必要性，能够在学习过程中强化会计实务理论。

第四，掌握信息化账务处理的业务流程，明确各个会计岗位的任务以及其中的协作和联系，能够在这个信息化时代中胜任不同企业会计信息化核算岗位的要求。

（2）《会计信息化》课程核心素养目标

①知识目标：掌握财务现代化概论、财务现代化信息系统的有关知识点；掌握财务软件的基础程序结构和基础操作程序；熟悉企业的财务

互联网及信息化流程,特别是典型业务,包括工业企业和流通企业等;熟悉网中网会计软件系统的具体实施流程,如系统初始化、总账管理、企业成本核算、工资核算、应收款成本核算、应付款成本核算、企业控制、综合会计报表等制作。

②能力目标:能够在财务软件中进行公司账套的建立;能够进行企业应用平台的基础设置;能够操作各业务模块的初始化设置及相关业务流程;能够完成一个企业一个月的账务处理,并编制报表;能够分析在操作过程中出现的问题及原因,并能找到解决方法;能够参与电算化信息系统的分析,对会计信息系统进行基础简单的维护和数据管理。

③素养目标:通过素养目标,希望学生能够更好地理解会计的严格性和规范化,培育他们爱岗敬业精神、勇于创新、乐于贡献的素质,并能够预测未来的职业角色,从而实现学校与岗位的有效衔接。具体而言,将重点培养学生的职业道德,鼓励他们勤于思考、耐心、勤勉、严格的工作作风,以及质朴、勤勉的学习态度、务实的职业道德和创新意识。建立诚实守信的操守,不做虚假账目,以维护公平正义。培养表达能力和沟通能力和分析、评价和解决问题的能力,培养良好的工作作风。

2. "科云杯"全国职业院校高校组财会职业能力大赛设置的目的

本次赛事旨在深入贯彻《我国职务高等教育改革发展方案》,以提高教学的水平,以人才培养质量为核心,探索新形势、新行业、新业态下会计职业教育改革的可行性,以更好地满足行业发展的需求,推动会计人才培训体系改革,为会计工作转型提供有力支撑。通过举办各类竞赛和展示,本赛旨在验证高校会计及相关专业课程变革的成果,以提高学生的创新能力、专业决策能力和实际信息技术运用水平。

3.《会计信息化》课程标准与职业技能竞赛目的的比较分析

课程目标是指课程本身要实现的具体目标和意图,大赛设置的目的在于根据比赛涉及的领域,通过比赛的形式对特定人群的能力进行检验和提升。通过比较《会计信息化》的课程标准以及总的三维标准和会计技能大赛的设置目的,可以发现二者在人才培养、知识要求与技能要求方面的联系。

(1)人才培养方向的联系

《会计信息化》作为高校会计专业的核心课程,主要目标是培养具有较高的会计基础理论水平和计算机操作知识和技能素质,掌握较强的会计实际操作技能和财务软件应用等知识和技术技能,面向会计领域的高素质劳动者和技术技能人才的方向服务的。而会计技能大赛的设置目的本身就是将人才培养质量作为检视职业教育改革的终极成果,是将高校的人培方案作为比赛目的设置的参考之一。从人才培养方向的角度来说,《会计信息化》与会计职业技能大赛的设置目的是有重合的。

（2）知识要求范围的联系

《会计信息化》对于学生知识方面的要求来说是在掌握会计基本原理的基础上,了解会计信息化的相关知识、明确各经济业务的会计处理及业务流程的关系,从而理解企业资源及信息整合管理的重要性及必要性。对比会计职业技能比赛的设置目的,参赛对象为会计专业的高校学生,并且强调比赛应助力会计工作转型,从而展示出高校学生财务岗位业务能力、职业判断能力、实操技术应用能力。因此,与比赛相对应的知识能力要求应包括但不限于《会计信息化》对于知识能力的目标要求。

（3）技能要求水平的联系

《会计信息化》要求学生学会在财务软件运用平台进行完整的账务实训操作,如正确建立账套、完成账务处理等。其中,学生应在了解财务软件的操作原理的基础上付诸行动,正确地在相应的财务软件上进行会计工作的处理。对于会计职业技能比赛来说,更是对学生实操技能的检验,通过比赛中规定的任务,在有限的时间内进行上机操作,是目前会计职业技能比赛常设置的比赛项目,因此在技能要求水平上,《会计信息化》与大赛是保持一致的,且通过比赛的紧张氛围,更能检测出学生在技能方面的熟练度和准确性。

（二）基于"科云杯"全国职业院校高校组财会职业能力大赛竞赛任务的教学设计

1.教学设计原则

（1）教学目标以比赛标准为导向,增强科学性

专业技能竞赛就像是一个风向标,而会计竞赛中所产生的新规范、新标准,也就是根据企业情况、公司发展的需要,把行业标准渗透到专业教学之中,并通过汲取专业技能竞赛标准经验,使之与教学目标相结

合,并进行提炼、转化,从而使专业教学体系更贴近企业实际需要。当前,由于高校会计专业学生的就业岗位大部分都是中小企业,因此学校在会计教学内容上也应向《小企业会计准则》靠拢,以使教学内容更紧贴于会计人才的就业和应用,只有这样,才有助于人才培养目标的实现。

（2）教学内容与比赛题目相结合,增强时效性

就最近的国际财务专业竞赛来说,比赛项目的所根据准则也早已由《企业会计准则》转到《小企业会计准则》上,所包含的所有税务内容也都基于当时最新的国际税务规定。参赛者要想在国际竞赛中获得好名次,还需要紧扣时代特点和前沿科技,并适时更换课程。相应地,将比赛题目融入教学内容,并将教学内容进行分解,有利于学生理解和掌握知识点,同时也补充了教材内容跟不上时代发展的弊端,增强教学内容的时效性,使学生今后进入工作岗位后快速适应,不至于与现实企业的岗位工作严重脱节。

（3）教学过程以比赛形式来呈现,提高积极性

根据高校学生的学情,学生普遍存在上课注意力不集中、课下自学与反思能力较低的现象,但也不能否认,高校学生却拥有较强的动手能力,使课堂气氛比较活跃。因此,教师应多利用学生的长处,扬长避短,通过课堂上比赛的形式对知识点进行巩固和检测,并在这个过程中适时地进行鼓励,提高学生的自我效能感。在课堂总结阶段,教师应将知识点进行梳理,引导学生形成知识体系。

（4）教学评价以比赛评分为参照,增强客观性

传统的教学评价无外乎平时成绩＋期末考核,在这个过程中,对于平时成绩的把控往往有失客观和全面。会计职业技能大赛的评分标准严格按照比赛项目的完成情况进行打分,较为客观公正。因此,教师在进行教学评价的过程中,可以在课前明确评分标准,每节课设置一张评分表,以学生的比赛结果为参考,进行综合考量,如此可增加过程性评价的评价标准,从而形成对学生全面和客观的评价。

2. 教学环节设计

教学环节的设计往往围绕一个教学任务展开,并利用各种学习资源合作学习的过程。教学环节的设置是在任务驱动法的基础上进行的补充,即将每一个环节与相应的职业技能大赛中的相关内容进行结合。制

定目标对应比赛标准,将赛题作为情景模拟的切入点,在此基础上进行任务分解,从而讲授新课内容,并以告知比赛内容、评分标准等的方式,让学生在组内进行自主练习,对应赛前训练;通过小组比赛的方式模拟职业大赛,并根据评分标准进行打分,教师做总结。以下为各个教学环节的具体阐述。

（1）制定目标

根据教学内容制定目标是教师课前的重要工作,教师的教学和学生的学习都需依靠教学目标的指引,因此教学目标的设置应符合可行性和合理性。在"以赛促教,以赛促学"的模式下,教师的目标设置应参考职业技能大赛的比赛标准,将比赛标准对学生的要求与核心素养目标进行结合,不求完全照搬,但需融会贯通。

案例设计展示:

案例一:《会计信息化基本认知》（第1章第1节）

会计技能大赛会计信息化比赛标准:熟悉会计信息化系统的操作环境。

比赛标准分析:作为参赛选手,能够熟练操作会计软件是一项基本能力,其中包括对计算机的熟悉程度和对软件的熟悉程度两个主要方面。因此,在设置教学目标时,应注意学生对各种硬件设备的操作熟练度,并借助前置课程的知识,将会计信息化的整个操作流程进行概述。整个过程要注意遵循"教师少讲,学生多练"的原则,把尽可能多的时间交给学生去熟悉计算机和软件。

教学目标:

知识目标:了解会计信息化的基本原理,认知网中网财务软件的主要功能及运行环境。

能力目标:能够正确选择合适的财务软件,掌握基本的数据配置过程。

素养目标:理解会计信息化的重要性和必要性。

解决的教学问题:教学目标过于宽泛,不够具体,在实施教学时易脱离教学目标展开教学。

（2）情景导入

在"以赛促教，以赛促学"教学模式中，模拟情景是一个很重要的环节，情景代入感的好坏直接影响着学生后期对新授知识的理解速度。模拟情景的方式有很多，在"以赛促教，以赛促学"的教学模式下，可采用真实赛题呈现的方式进行导入。这里的赛题可以不用完整呈现，只需按照本节课需要讲解的知识点选择性展示即可，重要的是让学生感受模拟度较高的企业会计工作内容是什么样的。

案例二：《凭证处理》（第 3 章第 2 节）

教师：在上一节课的学习中，我们对总账系统进行了一些初始设置，谁还能记得我们设置了哪些内容？

学生：设置总账系统参数、外币设置、定义会计科目、定义项目档案、定义凭证类别、录入期初余额、定义结算方式、定义常用摘要、设置数据权限与金额权限。

教师：对学生的回答进行点评，并进一步明确会计科目的设置目的。接下来给大家展示最新的比赛题目，大家仔细看题目，自行判断这是什么经济业务，应该如何做会计分录。

会计分录应为：

借：

    应付账款   209615

     银行存款   25385

       贷：其他货币资金——银行汇票   235000

教师：明确正确答案，并提醒学生在原始凭证上有很多信息需要呈现在会计分录中，并考虑如何将这笔会计分录输入进会计处理系统。

教学设计目的：在刚进入课堂时，学生的注意力不够集中，通过提问的方式吸引学生的注意力，并帮助其回顾旧知。同时，利用和本节课相关的比赛题目，进行情景创设，使得学生逐步接受从手工到信息化的转变，明确本节课的教学目标，进入上课状态。

解决的教学问题：迅速回忆起相关的前置知识，激发学生的学习兴趣。

（3）教学新课

在教学新课的过程中，应结合上一环节的赛题，根据赛题的内容结合本节课的内容进行内容分解,将题目中的要求对应到每一个知识点上,让学生在做任务的过程中理解理论知识,教师需要适时地进行概括和补充。

案例三:《期末账务处理》(第3章第4节)

教师:我们根据前面赛题的涉及的知识,应该对应到教材的哪些知识点? 分别应该怎么样去操作?

学生:自主查阅教材,明确知识点。

教师:根据赛题和教材内容将任务进行分解,即完成自定义结转、完成对应结转、完成销售成本结转、完成汇兑损益结转、完成期间损益结转、完成期末对账工作、完成期末结账工作。同时,进行重难点指导和讲解。

(4)自主学习

在进行完各个分解任务的学习后,给学生明确任务进行巩固训练,任务应与比赛项目一致,以对应赛前训练的环节。学生在这一环节可根据比赛任务自行在小组内分配各自的工作,并进一步熟悉操作流程和内容。

案例四:《总账系统》(第3章)

教师:我们学完账务查询后,整个总账系统的章节就结束了,接下来布置比赛任务(相关赛题展示),即组内四名同学分别担任会计主管、出纳、成本会计和总账会计的工作,依次根据票据形成记账凭证并进行期末处理。

学生:分小组自行练习,自行提问。

教学设计目的:让学生在掌握新知后通过做题进行巩固,并且为下一个比赛的环节作准备。

解决的教学问题:知识掌握不牢,引导学生学习思考的主动性。

(5)小组比赛

根据赛前的自主练习后,学生进行小组间的正式比赛,应在比赛前明确比赛规则和评分标准,并设置好评分员和监督人员。

案例五:《应收款单据的处理》(第 7 章第 3 节)

教师:四名同学分别进行制单、审核、转账、核销的工作,比赛期间应保持秩序,规定时间内得分最高者获胜。

学生:进行比赛,小组内成员相互配合完成比赛任务。

教学设计目的:通过模拟比赛的形式,营造紧张的学习氛围,使学生不仅加深了对知识的理解,同时提高了操作的熟练度以及团队协作能力和应变能力。学生在今后面临真正的比赛时能够保持一颗平常心。

解决的教学问题:培养了学生合作学习的能力和会计实操技能,充分构建以学生为主体的课堂氛围。

(6)课堂评价

课堂评价的环节是基于前一环节的比赛结果,根据评分结果学生进行总结和反思。经过班级内部的自主评价,学生能够找到自身在比赛中的不足之处,这是一个有效的反馈机制;而在班级间的互评中,学生能够看到其他同学的优势和不足之处,从而更好地反思自身;最后,在教师的引导和总结下,学生能够全面了解自身对本节课所学知识点的把握状况。教师在评价时应该提醒学生一些重要的要点和评价方法,以便学生能够更全面、客观地评估自己和他人的表现,并充分发挥自我评估和他人评价的作用。

案例六:《凭证处理》(第 3 章第 2 节)

教师:为前三名同学颁奖,并请他们谈感受。

学生:组内评价。本次比赛过程中小组内出现了什么问题,哪些问题是知识层面的,哪些问题是人为的因素,今后可以如何改进。

学生:组间评价。和其他组的同学相比,有什么地方是做得好的,什么地方是需要学习的。

教师:教师点评。各位同学在凭证处理的比赛中全部在规定时间内完成了任务,祝贺大家!我发现大家在平时的练习中可以做到不出错误,但是在有限制的比赛时间中就显得手忙脚乱,以至于在填制凭证的时候丢三落四或是看错数字等。其实这是很正常的,适当的紧张可以让你在比赛中保持注意力集中,但是过度的紧张就不好了。会计是一个谨慎的职业,更加需要我们在各种情境下都能保持细心和认真。相信大家在今后的锻炼中可以掌握适度紧张的秘诀。

教学设计目的:提高学生在课堂中的参与度,在这个环节,学生首先自评,然后他评,这样保证每组的每名成员都有参与本次课堂,学生的主体性地位也得到发挥。同时,通过对获胜队伍的奖励,大大提高了学生的积极性。

解决的教学问题:学生缺乏课堂参与感。

(7)课堂小结

"以赛促教,以赛促学"教学模式中,总结是一个不可或缺的环节,它要求学生在前六个教学环节的基础上,全面总结本节课所学知识点,并对知识点进行综合总结,以便更好地掌握知识。通过构建知识框架,学生可以通过回忆来巩固所学知识点,并且能够发挥主观能动性。教师也能够掌握整体教学情况。

在整理学习过程中,我们应该重视培养学习者的主体能力,而并非教师单独构建教学内容框架,也并非学习者单独整理情况,只是全体师生一起整理本节课的知识,以便更好地把握重难点内容,提升学业效果。

通过评估表和对整个教学过程的分析,我们可以总结出本节课的教学成果。

案例七:《错账更正方法》(第5章第4节)

教师:帮助学生总结知识并进行自我评估,并分享收获和体验。学生们应该对三笔错账改正办法加以比较和分析,并建立自身的知识图。在教师的引导下,学生们回顾了此次课程中错账纠正技术的特点和合理运用,建立了一个完整的知识框架。这不仅使他们总结了学习的收获,也帮助他们解决了困惑,更好地理解了自己的不足,从而更有针对性地学习和练习。

为了提高学生的知识归纳能力,加深对知识的记忆,并在总结中培养情感,我们需要梳理有关法律认识,并培养他们的责任心,这样才能充分体现学生的主体性。

需要解决的问题:学生缺乏课堂参与感。

3.教学过程设计思路

教学过程的设计思路是将传统的教学过程与职业技能竞赛的比赛流程相结合,以模拟比赛的形式完成教学过程,如表6-1所示。

表6-1 "以赛促教,以赛促学"教学过程设计表

职业技能大赛	"以赛促教,以赛促学"教学模式	传统教学法
赛项赛题	以赛题导入,结合教学内容	课本章节内容
专项培训	分解赛题中的知识点	教师讲授课本知识点
集中训练	结合赛题自主训练	教师演示,学生实践
分工合作	小组合作完成比赛	学生自主复习
赛项打分	教师根据过程与结果多元评价	平时成绩,期末考试成绩

4.教学实验实施设计

(1)实验目的

采用"以赛促教,以赛促学"模式在高校会计《会计信息化》课程中进行教学和课堂管理,以此来验证"以赛促教,以赛促学"教学模式的有效性和可持续性。

通过采用"以赛促教,以赛促学"教学模式,我们可以有效地协助学生确立目标,激励教学积极性,培养优秀的教学案例,增强学生的信心,进而提高本专业高校学生的认知学习能力、行为表现、情感参与度以及学习成绩。通过实践,我们发现比赛在与实际教学结合时存在的一些问题,这些问题需要我们进一步改进教学设计来解决。

(2)实验对象

实验对象为K市的G中等职业学校20级会计专业的两个班级。两个班的人数分别是41和40人。两个班级将选取一个班级为实验班另一个班级作为对照班。实验班为20级会计大专班,该班采取"以赛促教,以赛促学"教学模式投入课堂教学;对照班级为20级会计营销班,对其采用传统教学模式进行教学。通过相关课程期末成绩与前测调查问卷的结果对比,加之两个班目前都是处于第三学期,前期学习的课程教学进度一致,同时每周课时、使用的教材等其他教学资源相同,两个班在实训环境硬件也一致,综合分析得出两个班可作为对比进行验证。

（3）实验流程

在本次实验中，我们将对这两个小班的情况开展问卷调查研究，以探讨传统教学法下两个小班的分数差别。我们还将对两所学校在核心素养目标方面的差距加以比较，以更好地了解两所学校之间的差距。。

（4）实验观察工具

经过这次教学实验，我们采用了多种观测方法，包括自制问卷表、课堂教学观察量表、教师评价量表和访谈记录表，并对这些测量的数据加以了深入分析，最终得出了如图 6-1 所示的结果。

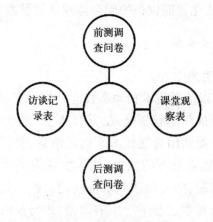

图 6-1 实验观察工具

第三节 会计信息化教学改革与策略

一、智慧课堂的概述及理论基础

（一）智慧课堂概述

1. 智慧课堂的概念

智慧教育推动了智慧课堂概念的诞生。"智慧课堂"是依托现代信息技术与教学内容的深度融合,构建智能化的沉浸式的学习环境,增强学习者的情感体验。目前,智慧课堂教学研究已成为全球教育领域的热点话题。

智慧教育平台、智慧教育工具的出现打破了传统的教学模式,并且对教师的教学水平也有了更高的要求。在这个充满智慧教育的时代,教师不仅需要有扎实的专业技能以及高标准的教学能力,还要具备与信息化相结合的教学能力。不仅如此,教师的角色也会随之发生变化,从课堂的主体逐渐成为学生的智能导师、指导教师、助理教师、职业生涯规划师等,教师与现代化智能设备的配合体现出智慧教育的优势。

2. 智慧课堂的主要特征

(1)强调以学生为中心

智慧课堂教学以信息技术和动态智能数据为支撑,通过分析和评价教与学的效用而形成新的教学模式,其过程把"学生主体"作为整个教学活动的核心。教师利用智能技术来创建情景、会话、协作等方面的学习环境,培养学生独立思考的能力,使学生成为课堂的主体,在学习过程中积极地发现问题、探究问题和解决问题。教师凭借互联网、大数据等网络平台来分析教学过程中产生的数据,进行及时的反馈,鼓励学生探索新知识,最终实现学生主动学习与自我发展的目标。

(2)技术支持的教学策略

智慧课堂是信息技术与教学深度融合的课堂,依托数据分析技术的智能移动终端设备和新媒体技术的应用,是具有现代技术支持的教学策略。它是各种先进技术(人工智能技术、传感技术等)与智能教学设备(平板电脑、智能白板、VR、AR 等)构成的虚实混合的课堂环境。多元化的教学策略组合对教师驾驭课堂的能力和智能设备的操作水平提出更高的要求。

(3)促进个性化智慧发展

智慧课堂秉承以人为本的教育理念,与个性化智慧开发相融合,充分考虑学生的个体差异性,给每位学生营造一个与自身发展相适应的学习环境,让每一位学生都能够根据自己的学习水平和基础,积极参与教师的指导。教师也会为不同的学生提供合适其发展的学习资源,包括文字资料、微课、短视频等。学生则根据平台自动总结的错题集进行查缺补漏,着重整理错题中的知识点,并在平台上与教师进行交流,促进师生间的互动。教师对学生提出新要求，学生对教师与课堂提出新期待，从而实现教学相长，共同进步。

（二）智慧课堂的理论基础

1.问题解决学习理论

问题解决是以问题作为媒介，以问题解决作为过程，以问题解决能力的培养作为目标，从而促进师生和谐发展的一种学习方式。它强调把学习放置在一系列具有实践意义的问题情境中进行，给学习者以引导，使之以协作的形式解决真实性问题，从中去发现隐藏于问题后面的学科知识，对知识进行再整合和再建构，锻炼养成独立解决问题和自主学习的能力。这里将问题解决学习理论融入智慧课堂教学中，问题解决理论对学生智慧的发展具有重要的支持作用。

2.人本主义学习理论

20 世纪 50 年代，心理学界兴起了以"西方心理学第三大势力"命名的人本主义心理学，其中把马斯洛、罗杰斯作为该理论的代表人物。罗杰斯认为，教师在教学过程中应将注意力集中在如何帮助学生找寻学习的办法，而不是只顾机械地将课堂上的知识灌输到学生脑海中，将学生从被动接受转化为主动探索。用教育学中著名的话语"授人以鱼，不如授人以渔"就能完美地概括它的基本思想。

人本主义学习理论主要包括四个观点。

（1）学习者是主动参与学习的。

（2）学习者要自主发起学习，并且在其中发挥作用。

（3）学习者会因学习使自身的行为、态度以及个性等方面发生改变。

（4）学习者有权积极主动地把握学习结果，并了解自己要学习什么。

将智慧课堂教学分成自学、互学、展学三个环节。自学环节，教师在课前会将学习相关资料发布到平台上，并将本节课课件以及本堂课任务相应地发布在学习群里，由组长组织学生进行自学。上课时，要求学生在完成导学任务基础上检查自学效果，这一环节就是让学生积极主动地投入到学习中去；互动环节，学生对于导学单上不理解的问题会与小组同学一起进行讨论，学生通过相互交流，潜移默化地改变了他们各自的学习行为与态度；展学环节，课上教师组织各个小组做学习成果的汇报，每个小组派 1~2 名代表展示该组学习成果，其他小组可进行提问和补充，教师做出总结和反馈，学生根据自己的完成情况进行修改和检验。由此可见，人本主义学习理论与智慧课堂的教学理念和出发点高度契合。

3. 混合式教学理论

混合式教学理论是多种教学方法的组合与运用，以达到某种预期的教学效果。因此，混合式教学理论改变了传统课堂结构，将传统的"以教师为中心""以教室为中心"的课堂教学结构转向"以学生为中心"的课堂教学结构，完全改变了教学重心的发展方向。智慧课堂教学的开展离不开混合式教学方法的使用。混合式教学模式使智能移动终端、大数据及其他信息技术手段被运用到教学中，颠覆了以书本知识为中心的课堂讲授模式。混合式教学理论引导下的智慧课堂教学模式加速了信息技术和课堂教学的深度融合，突出了学生的主体地位，并要求教师关注每位学生在课堂上的参与度，从而有助于传统课堂向高效、高质量的智慧课堂转型。

二、《财务管理》教学中实施智慧课堂的可行性分析

（一）《财务管理》课程需要学生的积极参与

高校《财务管理》课程理论知识点多、实际操作烦琐、专有名词过于抽象，学生对理论知识有距离感，因而学习兴趣不高。传统教学模式下课堂节奏快，教学内容枯燥，难以提高学生对学习《财务管理》这门课程的兴趣。基于教学现状分析，笔者认为智慧课堂教学模式下的教学活动可以弥补传统课堂的这些不足。课前，学生在智慧教学平台进行预习，教师则根据预习情况调整教学内容；课中，借助智能设备开展互动讨论活动，能够在提高学习效率的前提下激发学生学习兴趣；课后，则以分层作业和反思评价等方式巩固所学内容，提高学习效率。

（二）《财务管理》课程需要师生角色转换

在传统教学模式中,教师是主体,学生自主学习能力被忽视,学生主观能动性得不到发挥。因此,必须对师生的角色进行转换。而智慧课堂的教学模式强调"以学生为中心",学生在课前通过查找资料、完成课前测试等方式自主预习课程内容,并在平台上发起互动讨论,课中,小组完成探究后,通过教师的辅导绘制思维导图,自主构建知识网络。因此,智慧课堂教学模式在高校《财务管理》教学中的应用,有利于教师和学生之间的角色转变。

（三）《财务管理》课程需要改进教学模式

智慧课堂教学模式可以有效地提高教学效果。目前,高校《财务管理》课程的教师普遍采用传统的教学形式,授课方式单一,课堂气氛枯燥乏味,使学生对课堂内容提不起兴趣,也起不到多大的效果,而这一问题与《财务管理》课堂的综合实践性特点相背离,因此必须改变现状。智慧课堂教学模式的核心是"智慧",学生在课前通过智慧平台上的资源库查找资料,观看视频,预习知识,然后在课上通过平台分组进行互动讨论,与教师借助平台互动活动提高师生间的交流,自行建立知识体系。最后,学生对知识进行总结,绘制思维导图,加强对理论知识的深度理解,为学生奠定扎实的基础,从而帮助学生取得良好的学习效果。

三、《财务管理》教学中实施智慧课堂的教学设计

（一）《财务管理》智慧课堂的组织与实施

1. 实施目的

在高校《财务管理》课程教学中开展智慧课堂教学实验的目的是观察学生在智慧课堂中的表现、知识掌握情况、学习能力变化等,检验智慧课堂的应用效果,反思智慧课堂教学实施过程中存在的问题,总结经

验,为高校《财务管理》智慧课堂教学改革提供借鉴与参考。

2.课堂组织

课堂组织即要求课堂教学环节在智慧教室中进行,借助智慧教室的软硬件设备完成指定教学内容。教师可选择生活中的实际案例,引导学生循序渐进地理解课程相关的重难点,激发学生对新知的探索欲和主动参与课堂互动的积极性。智慧课堂将理论教学与实践训练相结合,这种沉浸式的情景化教学场景可全面提升学生的解决问题的能力,为学生的深度学习奠定基础。

3.环境支持

智慧教室是智慧课堂教学模式实施的主要场所。课堂环境既包括物理学习环境,又包括虚拟学习环境。智慧课堂的教室空间里安装有各种智能化设备,如智能电子黑板、视频设备、智能显示屏、交互式一体机、平板电脑、投影仪、移动桌椅、计算机、控制设备等多种支持智能教学活动的先进设备,构建一个虚实混合的课堂教学环境,这些硬件设施和终端操作系统会使课堂变得更丰富、更智能。

虚拟学习环境包括云端服务和智慧学习平台。吉林某高校教师目前使用的教学工具主要有戴影平板、阅读 APP 以及学习通教学云平台,这些工具可以满足学情分析、查找整合教学资源、推送教学资料、情景互动、布置作业、单独辅导、错题整理、总结巩固等教学要求。

4.软件支持

高校大多采用雨课堂、蓝墨云班课及超星学习通教学平台,这些平台可以满足教师教学的基本需求。平台通常都由学校进行招标购买使用权,教师可直接登录使用。这里研究对象所在学校使用的是超星学习通,该平台不仅具备课程教学所必须具备的功能,还有一些拓展功能,如移动图书馆、移动博物馆、课程广场、名师讲坛、展览推荐等,从而满足《财务管理》智慧课堂教学实践的需要。

超星学习通平台适用于智能手机、平板电脑等便携终端设备,融合了传播知识、课程学习、管理分析等多种功能的移动学习平台。其学习资源丰富,如书籍,报刊,录像,科学知识等。同时,还具有教学功能,如教学交互功能、教学管理功能与教学资源库管理功能和教学资源功能。

（二）《财务管理》智慧课堂的教学目标

教学目标引领着课堂教学的方向，智慧课堂倡导以学生的个性发展为导向，一切以学生为中心，鼓励学生参与到教学活动中来，注重教学氛围的营造和学习过程的收获。高校智慧课堂教学目标包括总体目标和具体目标。总体目标分别从专业知识、实践技能、创新能力和创新思维四个方面来培养学生智慧。具体目标则依据不同的教学内容设立教学主体目标和教学过程目标，包括知识与技能目标、过程与方法目标和情感态度与价值观目标。在智慧课堂教学模式下，教师的智慧还体现在要指导学生塑造属于自己的智慧学习形态，引导培养学生向智慧型人才方向成长和转变。

1. 总体目标

智慧课堂教学模式突出体现学生自主学习的重要性，培养学生创造性的学习，从而实现学生学习智慧和全面成长的目标。智慧课堂包括道德智慧、理性智慧、实践智慧等多种智慧，有感性与理性结合、理论与实际互通的特点，是依靠技术实现智慧发展的创造性课堂。

高校始终坚持质量为本、技能为主的培养目标，旨在培养出一批能与社会主义现代化建设相适应、具有较强综合素养的技能型人才。这就要求学生既要具有扎实的专业理论知识，又要具有过硬的操作技能，还要有创新能力、创新思维和独立解决问题的能力。科技在进步，社会在发展，人才培养要与时俱进，因此高校智慧课堂教学目标设定必须顺应时代的要求。

2. 具体目标

（1）教学主体目标

《学记》曾说："虽有嘉肴，弗食，不知其旨也；虽有至道，弗学，不知其善也。是故学然后知不足，教然后知困。"相对于教师来讲，教学过程并不只局限于单方面地传递知识，还要在教学中不断地提升自己的教学水平。教与学互相促进，二者相辅相成。在教与学实践中要做到"知不足"和"知困"。一方面，教师在教学中应注重学生思维能力的培养。另一方面，学生应该通过提出问题，推动教师在学习过程中不断地开展新的研究,使教师和学生共同进步。在智慧课堂教学模式下,教师不仅要提升自身的专业素养,更要提高自身的信息化操作水平。因此,在教学过程中,教师要时刻以提高自我能力为目标,完善知识体系架构,提升自身的教育教学能力。

学生层面,学生要改变自身的学习方式。在传统的教学模式下,学生往往是被动地接受教师所传达的知识。但智慧课堂教学模式要求尊重学生的主体地位,即学生是主体。所以,在智慧课堂学习的过程中,学生应该养成独立思考问题的意识,减少对教师的依赖性,塑造属于自己的智慧学习形态,达到全面发展的目的。

（2）教育过程目标

智慧课堂教学模式是依据教学内容设计不同的教学模块。智慧课堂教学模式将学生的个性发展和全面发展作为最终目标,目的是帮助学生形成智慧。相比之下,传统的课堂教学往往以学生的成绩为重,而智慧课堂则更加注重对学生能力的培养,鼓励学生主动学习并积极参与到课程中。《财务管理》课程的教学目标是培养学生掌握财务管理以及有关金融、会计、法律等相关知识内容。在教学过程中,教师应依据知识与技能目标、过程与方法目标、情感态度价值观目标要求进行设计,详细内容见表6-2所示。

表6-2 《财务管理》课程教学目标

目标维度	学习目标
知识目标	掌握财务管理的基本理论、基本方法和基本技能;熟悉公司制企业财务管理的基本理论与方法;熟悉企业财务管理活动的各个业务环节和过程;了解党和国家有关财务管理的方针、政策和制度;达到会计师应具备的财务管理理论水平和业务水平
能力目标	培养学生具有从事企业理财工作的基本素质;接受财务、金融、管理方法和技巧方面的基本训练,具有分析和解决财务、金融问题的基本能力;具备对企业的筹资、投资、资金营运、利润分配等方面的分析能力
情感目标	鼓励学生热爱财务管理工作,培养团队合作精神;教育学生要爱岗敬业,养成细心严谨的学习态度和诚实守信的工作作风;主动学习、精练技能、勇于创新创造,为就业打好基础

参考文献

[1] 陈兴述,罗勇,张国康,等.大学会计教学科研化研究[M].北京:人民日报出版社,2007.

[2] 陈元芳.现代会计教育职业技能教学研究[M].上海:立信会计出版社,2009.

[3] 丁皓庆,冀玉玲,安存红.现代信息技术与会计教学研究[M].北京:经济日报出版社,2019.

[4] 段琳.会计教学论[M].北京:中国财政经济出版社,2001.

[5] 梁丽媛.我国高校会计人才培养与教学研究[M].北京:北京工业大学出版社,2019.

[6] 刘赛,刘小海.新时期高校会计教学创新改革与实践教学研究[M].北京:北京工业大学出版社,2021.

[7] 刘万华.职业能力指导下的高校会计教学[M].成都:电子科技大学出版社,2016.

[8] 刘永泽.财务会计教学指导书[M].北京:中国财政经济出版社,2005.

[9] 罗惠玉,程文莉.会计教育教学改革与创新探索[M].北京:经济科学出版社,2018.

[10] 王海燕,王亚楠.会计信息化教学研究[M].长春:吉林大学出版社,2020.

[11] 王凯.中国大学会计教学方法研究[M].北京:光明日报出版社,2007.

[12] 危英 . 互联网时代会计教学改革的创新策略研究 [M]. 成都：电子科技大学出版社,2017.

[13] 张妙凌 . 会计人才培养与实践性教学研究 [M]. 成都：电子科技大学出版社,2015.

[14] 张素云 . 高校会计信息化教学研究 [M]. 咸阳：西北农林科技大学出版社,2010.

[15] 张玺亮,刘洪星 . 会计信息化 [M]. 北京：北京时代华文书局有限公司,2021.

[16] 郑军,张振,周运兰,等 . 会计教学理论与方法创新研究 [M]. 北京：经济科学出版社,2012.

[17] 包燕娜 . PBL 教学模式在中职《企业会计实务》课程中的应用研究 [D]. 昆明：云南师范大学,2023.

[18] 曹雨婷 . 情境教学法在中职《基础会计》中的教学实践研究 [D]. 贵阳：贵州师范大学,2023.

[19] 陈彦蓉 . 中职会计事务专业课堂教学生成资源利用策略研究 [D]. 秦皇岛：河北科技师范学院,2023.

[20] 胡冬颖 .5E 教学模式在中职《涉税会计》的应用研究 [D]. 广州：广东技术师范大学,2023.

[21] 冷紫薇 . 利用翻转课堂实施 PBL 模式在中职《初级会计实务》中的教学研究 [D]. 昆明：云南师范大学,2023.

[22] 李艳敏 . 行动导向教学模式在中职《初级会计实务》中的应用研究 [D]. 昆明：云南师范大学,2023.

[23] 梁远志 . 中职《企业会计实务与操作》应用"对分 +BOPPPS"教学模式的设计与实践研究 [D]. 广州：广东技术师范大学,2023.

[24] 刘玉慧 ."三教"引领中职《财经法规与会计职业道德》教学实践研究 [D]. 贵阳：贵州师范大学,2023.

[25] 罗雯 . 中职会计事务专业数字教学资源的类型需求与供给模式研究 [D]. 秦皇岛：河北科技师范学院,2023.

[26] 马婷 ."核心素养"导向下中职《基础会计》课程教学的应用研究 [D]. 昆明：云南师范大学,2023.

[27] 苗潇允 ."以赛促教,以赛促学"模式在中职《会计信息化》教学中的应用 [D]. 昆明：云南师范大学,2023.

[28] 秦利 . 基于超星学习通的翻转课堂模式在中职《成本会计》教学中的实践研究 [D]. 广州：广东技术师范大学,2023.

[29] 施晓萍 .PDCA 情境教学模式在中职《会计综合实训》的应用与优化研究 [D]. 广州：广东技术师范大学,2023.

[30] 汪菲 . 任务驱动教学法在中职《基础会计》课程中的应用研究 [D]. 昆明：云南师范大学,2023.

[31] 伍晓杨 . 智能财务背景下案例教学法在中职《会计电算化》课程教学中的应用研究 [D]. 广州：广东技术师范大学,2023.

[32] 肖淑敏 .TFU 教学模式在中职《基础会计》教学中的应用研究 [D]. 贵阳：贵州师范大学,2023.

[33] 许思思 . 案例教学法在中职课程《基础会计》教学中的应用研究 [D]. 昆明：云南师范大学,2023.

[34] 杨佳瑜 . 业财融合背景下中职《会计模拟实训》课程教学探索与实践 [D]. 广州：广东技术师范大学,2023.

[35] 杨月笑 .BOPPPS 教学模式在中职《初级会计实务》课堂教学中的应用研究 [D]. 昆明：云南师范大学,2023.

[36] 于乐 . 体验式教学法在中职学校《基础会计》课堂中的应用研究 [D]. 昆明：云南师范大学,2023.

[37] 陈楠 . 立德树人的高职会计信息系统课程教学改革的探讨 [J]. 老字号品牌营销,2023（17）：150-152.

[38] 陈梓锋 . 关于传统成本会计教学模式的探讨 [J]. 现代商贸工业,2023（22）：135-137.

[39] 邓平华,刘丽婷 . 移动互联时代下财务会计的教学设计与应用研究 [J]. 中国乡镇企业会计,2023（10）：181-183.

[40] 范静云 . 中职学校会计专业实践性教学初探 [J]. 老字号品牌营销,2023（18）：176-178.

[41] 巩楠 . 新时代背景下高职院校会计教学质量提高措施研究 [J]. 湖北科技学院学报,2023（05）：129-134.

[42] 顾滢滢 . 大数据在中职会计课程教学中的应用探讨 [J]. 中国新通信,2023（18）：77-79.

[43] 郭青萍 . 基于云平台的中职"基础会计"课程混合式教学模式实践探索 [J]. 老字号品牌营销,2023（20）：188-190.

[44] 郝依雯 . 农职院校会计课程教学发展的现状及教学建议 [J]. 河南农业,2023（30）：20-21.

[45] 胡玉萍 . 财务共享模式下会计专业的教学改革探讨 [J]. 商场现代化,2023（18）：165-167.

[46] 黄祺 . 教育数字化转型背景下大数据与会计专业学生在线学习行为精准预警与干预研究——以"会计信息系统应用"课程为例 [J]. 财务管理研究,2023（10）：52-57.

[47] 黄秀南 . 探讨"基础会计"课程线上线下混合式教学 [J]. 科技风,2023（30）：100-102.

[48] 李巧云 . 实践教学视角下财务会计教学改革路径研究 [J]. 哈尔滨职业技术学院学报,2023（05）：52-54.

[49] 李爽 . 智能数字化技术在高职《管理会计》课程教学中的应用与探索 [J]. 上海商业,2023（09）：204-206.

[50] 刘路星,李国田 . "云财务"背景下管理会计人才培养路径研究 [J]. 中国乡镇企业会计,2023（10）：190-192.

[51] 鲁美娟,陈珊珊,温欣 . 思政元素融入会计专业学位研究生课程教学探究——以"商业伦理与会计职业道德"为例 [J]. 西部素质教育,2023（18）：5-8+18.

[52] 娜比拉·海萨尔,木巴热克·木胡达尔 . 新农科视角下案例教学在农业会计课程中的应用探讨 [J]. 中国乡镇企业会计,2023（10）：193-195.

[53] 彭龄漫 . 探讨思政元素融入中职会计教学的途径 [J]. 理财,2023（10）：95-97.

[54] 彭远凤,吴永贺,代蕾 . 高级财务会计课程教学改革实施与反思 [J]. 中国乡镇企业会计,2023（09）：175-177.

[55] 申香华,李星运,赵彦锋 . 数智时代会计研究生课程教学改革研究——以财务会计类课程为例 [J]. 财会通讯,2023（19）：155-159.

[56] 宋晨 . 产教融合视域下财务会计教学改革路径研究 [J]. 老字号品牌营销,2023（19）：167-169.

[57] 宋艳华,刘娜 . 基于核心素养的高职大数据与会计专业教学改革的研究 [J]. 上海商业,2023（09）：189-191.

[58] 宋祚荣 . 基于双创教育理念的高职《财务会计》教学改革 [J]. 财会学习,2023（29）：146-148.

[59] 孙艳娟. 新会计准则对高校财务管理教学的影响——评《财务管理学》[J]. 应用化工, 2023, 52（09）: 27-48.

[60] 陶桂芬. BOPPPS 模式下高职"财务会计"课程教学设计——以应收款项减值为例 [J]. 科技风, 2023（25）: 152-154.

[61] 田光大. 基于云班课的混合教学模式在成本会计教学中的应用 [J]. 中国乡镇企业会计, 2023（09）: 181-183.

[62] 田志良. 基于"实战"的借贷会计分录技巧与教学思考 [J]. 中国农业会计, 2023, 33（21）: 9-11.

[63] 王飞. 高职会计专业教学中存在的问题及其对策 [J]. 老字号品牌营销, 2023（20）: 168-170.

[64] 王萍. 基于成果导向的"成本会计"课程教学改革与创新 [J]. 老字号品牌营销, 2023（18）: 182-184.

[65] 王云灯. 高校会计教学中信息化手段的运用对策 [J]. 上海商业, 2023（09）: 182-185.

[66] 温海燕, 鲁琳雯, 刘小燕等. TSE 三阶段考试改革在本科教学过程中的探索——以管理会计课程为例 [J]. 商业经济, 2023（10）: 190-193.

[67] 吴雪晴, 程广华, 李玲. 基于 SIOP+BOPPPS 的管理会计双语教学改革实践 [J]. 对外经贸, 2023（10）: 101-103+118.

[68] 肖金鸿. 新时期高校会计教学转型的创新探析 [J]. 上海商业, 2023（09）: 179-181.

[69] 徐颖. "岗课赛证"背景下高职税务会计课程教学改革研究 [J]. 老字号品牌营销, 2023（20）: 175-177.

[70] 杨丽明, 李冰. 基础会计教学改革实践应用优化研究——基于"学习通"过程评价与期末成绩相关性实证分析 [J]. 老字号品牌营销, 2023（17）: 188-190.

[71] 叶巧艳, 郑理惠. 基于学习痛点谈中级财务会计课程教学改革 [J]. 财务管理研究, 2023（09）: 130-134.

[72] 余莉娜. 财务管理专业中级财务会计课程思政教学模式探索 [J]. 对外经贸, 2023（09）: 146-149.

[73] 张素云. 体验性教学在中职会计教学中的运用 [J]. 老字号品牌营销, 2023（19）: 185-187.

[74] 张勇 . 数字化背景下 SPOC 混合教学模式在会计专业课程中的应用及优化研究 [J]. 商业会计, 2023（18）: 124-126.

[75] 赵燕 . 基于 OBE 理念的管理会计课程群课程思政教学探索 [J]. 商业会计, 2023（17）: 122-126.

[76] 朱幼凤 . 促进学习投入的混合教学结构设计——以应用型本科"会计信息系统"课程为例 [J]. 湖北职业技术学院学报, 2023, 26（03）: 19-23.